神奈川県の教員採用試験過去問シリーズ❾

2025年度版

神奈川県・横浜市・川崎市・相模原市の 美術科

過 去 問

協同教育研究会 編

協同出版

本書には，神奈川県・横浜市・川崎市・相模原市の教員採用試験の過去問題を収録しています。各問題ごとに，以下のように5段階表記で，難易度，頻出度を示しています。

難　易　度

非常に難しい	☆☆☆☆☆
やや難しい	☆☆☆☆
普通の難易度	☆☆☆
やや易しい	☆☆
非常に易しい	☆

頻　出　度

◎	ほとんど出題されない
◎◎	あまり出題されない
◎◎◎	普通の頻出度
◎◎◎◎	よく出題される
◎◎◎◎◎	非常によく出題される

はじめに～「過去問」シリーズ利用に際して～

　教育を取り巻く環境は変化しつつあり、日本の公教育そのものも、教員免許更新制の廃止やGIGAスクール構想の実現などの改革が進められています。また、現行の学習指導要領では「主体的・対話的で深い学び」を実現するため、指導方法や指導体制の工夫改善により、「個に応じた指導」の充実を図るとともに、コンピュータや情報通信ネットワーク等の情報手段を活用するために必要な環境を整えることが示されています。

　一方で、いじめや体罰、不登校、暴力行為など、教育現場の問題もあいかわらず取り沙汰されており、教員に求められるスキルは、今後さらに高いものになっていくことが予想されます。

　本書の基本構成としては、出題傾向と対策、過去5年間の出題傾向分析表、過去問題、解答および解説を掲載しています。各自治体や教科によって掲載年数をはじめ、「チェックテスト」や「問題演習」を掲載するなど、内容が異なります。

　また原則的には一般受験を対象としております。特別選考等については対応していない場合があります。なお、実際に配布された問題の順番や構成を、編集の都合上、変更している場合があります。あらかじめご了承ください。

　最後に、この「過去問」シリーズは、「参考書」シリーズとの併用を前提に編集されております。参考書で要点整理を行い、過去問で実力試しを行う、セットでの活用をおすすめいたします。

　みなさまが、この書籍を徹底的に活用し、教員採用試験の合格を勝ち取って、教壇に立っていただければ、それはわたくしたちにとって最上の喜びです。

協同教育研究会

CONTENTS

第1部

神奈川県・横浜市・川崎市・相模原市の美術科出題傾向分析

神奈川県・横浜市・川崎市・相模原市の 美術科　傾向と対策

　神奈川県の専門教養美術科は，大変幅広い範囲から知識を問うバランスの取れた構成となっている。過去5年間の分析表を見てわかるとおり，学習指導要領，美術教育，技法，美術史の各分野から偏りなく出題され，その範囲の広さと問題数には毎回驚かされる。時代背景は原始～現在活躍するデザイナーまでを網羅し，欧米，アジア，日本など世界中の絵画・工芸・デザイン・彫刻・映像メディア・建築・教育史を横断して猛勉強しなければならないだろう。中でも学習指導要領と日本及び海外の美術教育史，戦後以降の日本美術史，西洋美術史の中からルネサンス，バロック，20世期美術については，6年以上連続出題されているので押さえておきたい。

　技法・表現方法では，絵画・版画領域から版画技法が連続出題されている。ただし，これまで頻出であった銅版画からリトグラフへの変更があった。凸版・凹版・孔版・平版それぞれに当てはまる版種はすべて答えられるようにしておきたい。また，日本の掛け軸の各部分の名称を問う設問が新たに加わった。中学校の資料集にも載っていない内容であることから，予想できなかった設問のひとつだろう。例年，全体の中で数問，このような難易度がやや高い問題が混ざってくるのも神奈川県の特徴である。

　デザイン領域では色彩・配色・混色に関する問題が主であったが，今年度は製図法の中から立体図法が加わった。建築分野にも関わる分野だけに今後はこの分野の勉強も必要だ。また，戦後のグラフィックデザイン分野から2つ以上の出題があった。特に「ヒロシマ・アピールズ」ポスターを担当したデザイナーの作品は頻出傾向にある。解説文に掲載した一覧リストを参考にしっかり学習してほしい。

　建築領域では，奈良県を中心とした神社仏閣(仏像領域も同様)，ヨーロッパやアジアの有名建築などが例年出題されている。特に神奈川県の試験では過去10年を遡っても，世界の文化遺産へのこだわりが感じられ

る。出題率が高いことから図版を見て確認しておきたい。また，外観だけでなく内部の図版が今回初めて出題された。より深い学びが求められている。

　西洋美術史については，大きく分けて絵画と彫刻分野であるととらえよう。紀元前から現代に至るまでの作品・作家，それぞれの特徴，時代背景が出題対象となっている。近年では，ルネサンス，バロック，20世紀前半・後半に関しては，6年以上連続出題されている。いずれも中学・高校の教科書，副教材の美術資料集に掲載される内容が主となっているため，参考書としてぜひ手に入れておきたい。基礎をたどるだけでも膨大な範囲の広さであるが，まずは図版入りの世界美術史年表をながめながら，多くの過去問を解いていく勉強法をすすめたい。美術科の場合，頭で考えるよりも，写真や図などの視覚情報でとらえていく方が全体像を把握しやすいだろう。

　日本美術史では，全国的にも頻出の平安時代の絵巻物が4年ぶりに出題された。表現技法と組み合わせた出題も多いことから代表的な作品は押さえておきたい。また近年では，西洋・日本を問わず，戦後～現代の美術に関する問題が頻出である。今年度は岡本太郎が関わった縄文土器の写真作品が，時代をかけ合わせた方法で出題された。岡本太郎だけでなく，木下晋といった神奈川県ゆかりの作家の設問も加わった。寄木細工などの伝統工芸分野や円覚寺などの寺院だけでなく，地元の作家やデザイナー，美術館や建築物などにも視野を広げておきたい。

　最新の出題傾向では，ひとつの設問に対し，8つもの作品をすべて時代別に並び替えるなど，難易度の高い問題が出ている。問題としては1問だが，解答の選択肢も多く，8問分の理解が求められるため，惑わされてしまい気が抜けない。また，絵画の画材特性についての設問は，東京都の試験で頻出だった類似問題が出されている。工芸領域では，例年必ず1つは出題されてきたが，今年度は3題と増えた。金属工芸の分野では鍛金・鋳金・彫金といった基本技法ではなく，金属素材の特徴を問う，やや難易度が高い問題であったことに注目しておくと，今後の対策に役立つだろう。竹や藤で編んだりする編組工芸も初めて出題され，木工芸の加工法まで出題された。工芸領域の強化傾向は間違いなく見て取れるだろう。

なお，次年度は輪島や浄法寺地区などの漆についての伝統工芸が出題されるのではないかと予測する。

　全体的には，作品の特徴等を説明した文章などからその作者を選ぶ形式やその作者の別の作品を選ぶ問題，当該の時代の芸術様式等について出題される形式が見られる。加えて，年代順に並べ替えたり，「適切ではない」ものを選択させる引っ掛け問題にも注意が必要だろう。また，美術科ではどうしても自身が携わる実技の専門性に知識が偏ってしまいがちだが，その専門領域以外にも，幅広い知識を有していることが求められている。まずは広く浅くを心がけ，その後，過去問を解きながら，少しずつ知識を深めていくとよいだろう。

　神奈川県の試験は，実に幅広く，豊富な知識を求められる。しかし，美術教員になった時には，この学びこそが必要であったのだと痛感するだろう。全国的に見ても難易度は非常に高いが，専門性が身に付くようにと願う，妥協なき思いやりを感じざるを得ない。試験を簡単にすることは教育現場でどんな影響を及ぼすのであろうか。現場に立った時に本当に役立つ深い学びを，神奈川県の美術科は今，私たちに問いかけてくれる。

過去5年間の出題傾向分析

大分類	小分類	主な出題事項	2020 年度	2021 年度	2022 年度	2023 年度	2024 年度
美術教育	学習指導要領	学習指導要領の内容・語句	●	●	●	●	●
	学習指導案・指導計画	指導計画, 学習指導案作成　他				●	
	学習評価	評価の観点, 評価計画					
	美術教育史・明治・大正	臨画, 新定画帖, 山本鼎自由画運動　他	●	●	●	●	●
	美術教育史・昭和	想画・創造美育協会　他		●		●	●
	美術教育史・海外	フレーベール, チゼック, ローエンフェルド　他	●		●	●	●
絵画	技法・西洋古典	フレスコ, テンペラ　他	●			●	●
	技法・洋画	モダンテクニック他	●	●			●
	技法・日本古典	たらし込み, 水墨の技法　他				●	
	技法・日本画	ドーサ, 運筆　他				●	●
	材料	絵具の種類・展色剤　他			●	●	●
	表現方法・西洋	遠近法・透視図法　他			●	●	●
	表現方法・日本	俯瞰図・異時同図法・吹抜屋台, 掛軸　他					●
彫刻	技法・塑造	粘土, 型取り　他				●	
	技法・彫刻	木彫技法					
	構成要素	量感, 動性　他					●
版画	版種, 技法	凹・凸・孔・平版	●	●			
	版画の技法	エッチング, メゾチント, リトグラフ　他				●	●	●
	木版画の技法	板目木版, 木口木版　他			●		
デザイン	デザインの種類・用語	グラフィック, プロダクト, 製図　他				●	●
	構成	ハーモニー, リピテーション　黄金比　他	●				
	色彩・理論	三属性　他					

7

大分類	小分類	主な出題事項	2020年度	2021年度	2022年度	2023年度	2024年度
デザイン	色彩・配色, 混色	対比　加法混色・減法混色, PCCS　他	●		●	●	●
	文字のデザイン	レタリング, タイポグラフィー　他				●	●
	文様のデザイン	文様の名称（青海波, 麻の葉など）　他	●		●		
映像メディア	動画作成	ソーマトロープ, ゾートロープ　他	●				●
	コンピュータ・グラフィック	モデリング・レンダリング等の基本用語　他					
	映像表現	基本工程・用語等　他					
	写真表現	基本用語　他			●		
	映像作品	有名映画監督・美術作家（ナムジュンパイク 他）					
	写真作品	写真家・美術作家（マン・レイ, 森村泰昌 他）	●			●	
	キャラクター						
工芸	陶芸	基本工程, 焼成温度, 釉薬, 作家　他	●	●			
	木工芸	基本工程, 木彫技法名, 材料　他	●	●			●
	漆工芸	基本工程, 蒔絵, 螺鈿　他	●			●	
	金属工芸	基本工程, 鍛金, 鋳金　他					●
	染色工芸	基本工程, 友禅染, ロウケツ染, 草木染 他					
	七宝工芸	基本工程, 有線七宝, 無線七宝　他					
	編組工芸	基本工程, 矢羽編み　他					●
	伝統工芸	各種伝統工芸の作家・産地		●		●	
	伝統工芸・陶磁器	陶磁器の産地　他				●	
仏像	技法	金銅仏, 塑造, 乾漆, 一木造　他	●			●	
	法隆寺の仏像	釈迦三尊像, 百済観音像　他			●	●	●
	東大寺の仏像	法華堂不空羂索観音像, 戒壇院四天王像　他				●	
	興福寺の仏像	八部衆像, 阿修羅像　他		●			●
	その他の仏像	唐招提寺, 新薬師寺, 広隆寺, 中宮寺, 平等院鳳凰堂, 観心寺, 清源寺　他			●	●	●

大分類	小分類	主な出題事項	2020年度	2021年度	2022年度	2023年度	2024年度
建築	日本の古代寺院建築	法隆寺五重塔, 薬師寺東塔　他			●	●	●
	日本の建築様式	大仏様, 書院造, 寝殿造　他		●			●
	日本の中世・近世建築	慈照寺, 鹿苑寺, 桂離宮, 各地の城郭　他			●	●	
	日本の庭園	兼六園　他			●		
	ヨーロッパ古代建築	パルテノン神殿, パンテオン　他					
	ヨーロッパ教会建築	ピサ大聖堂, シャルトル大聖堂, ヴェルサイユ宮殿　他		●	●		●
	近代の建築	ガウディ, コルビュジェ, ライト　他	●				●
	現代の建築	レンゾ・ピアノ, 安藤忠雄　他	●		●		●
	アジアの文化遺産	タージ・マハル, アンコール・ワット　他			●	●	
西洋美術史	原始, エジプト, メソポタミア美術	壁画・ヒエログリフ　他					●
	ギリシャ, ローマ美術	ミロのヴィーナス, ラオコーン, アグリッパ他				●	●
	中世ヨーロッパ美術	ビザンティン美術, ロマネスク, ゴシック　他			●		
	ルネサンス美術	ドナテルロ, ボッティチェルリ, ダ・ヴィンチ, ミケランジェロ, ラファエロ　他	●	●	●		●
	北方ルネサンス, マニエリスム	ファン・エイク, ブリューゲル, エル・グレコ 他			●	●	
	バロック美術	ルーベンス, ベラスケス, レンブラント, ベルニーニ　他	●	●	●		●
	新古典主義, ロマン主義	アングル, ターナー, ドラクロワ　他	●			●	
	バルビゾン派	コロー, ミレー　他			●	●	
	印象主義	マネ, モネ, ルノワール　他		●	●		
	ポスト印象主義	ゴッホ, ゴーギャン, セザンヌ　他	●				●
	20世紀前半	ピカソ, ロダン, マイヨール, モンドリアン, フォービズム, キュビズム, シュルレアリスム 他	●	●	●		●
	20世紀後半	抽象表現主義, ミニマリズム, ポップアート 他	●				
日本美術史	先史時代の美術	縄文土器, 土偶, 弥生式土器　他				●	●
	平安時代の絵巻	源氏物語絵巻, 信貴山縁起絵巻, 用語(和様)　他	●				●
	鎌倉時代の肖像画	似絵（伝源頼朝像他）					

大分類	小分類	主な出題事項	2020年度	2021年度	2022年度	2023年度	2024年度
日本美術史	室町時代の美術	雪舟, 如拙, 土佐光信　他		●			
	桃山時代の美術	狩野永徳　長谷川等伯　千利休			●		
	江戸時代・狩野派の美術	狩野探幽, 狩野山雪　他					
	江戸・琳派の美術	俵屋宗達, 尾形光琳, 酒井抱一			●	●	●
	江戸・文人画	与謝蕪村, 谷文晁, 池大雅　他					
	江戸・風俗画と浮世絵	写楽, 広重, 北斎　他					
	江戸・写実の系譜	円山応挙, 長沢芦雪, 伊藤若冲　他					
	江戸時代の陶芸	酒井田柿右衛門　他			●		
	明治の洋画	高橋由一, 黒田清輝　他					
	明治の日本画	狩野芳崖, 横山大観　他					
	明治の彫刻	高村光雲, 荻原碌山　他			●		
	大正・昭和初期の洋画	萬鉄五郎　岸田劉生　他					
	大正・昭和初期の日本画	速水御舟　村上華岳　他	●				
	大正・昭和初期の彫刻	中原悌二郎, 高村光太郎, 橋本平八　他			●		
	戦後〜現代の美術	岡本太郎, 木下晋	●	●	●	●	●
デザイン史	ウイリアム・モリス	ウイリアム・モリスとアーツ・アンド・クラフツ　他					
	アール・ヌーヴォー	ミュシャ, ガレ, ギマール　他			●		
	ロシア構成主義	エル・リシツキー　他	●				
	バウハウス	モホリ=ナギ他教師　カリキュラム　作品　他			●	●	
	アール・デコ	カッサンドル　ロトチェンコ　他					
	デ・ステイル	リートフェルト　他					
	日本のデザイン・プロダクト	剣持勇, 柳宗理, 倉俣史朗　他			●	●	●
	日本のデザイン・グラフィック	亀倉雄策, 粟津潔, 田中一光, 佐藤卓　他			●	●	●
地域	地域ゆかりの作家・美術館						

第 2 部

神奈川県・横浜市・川崎市・相模原市の教員採用試験実施問題

2024年度　実施問題

【中高共通】

【１】美術教育について，次の各問いに答えなさい。

問1　次の記述は，1921年に出版された美術教育に関する書籍の内容である。この書籍名として最も適切なものを，以下の①～⑤のうちから選びなさい。

　子供にはお手本を備へて教へてやらなければ画は描けまい，と思ふならば，大間違ひだ。吾々を囲んで居るこの豊富な『自然』はいつでも色と形と濃淡で彼れ等の眼の前に示されて居るではないか，それが子供らにとつても大人にとつても唯一のお手本なのだ。それ等のものが直覚的に，綜覚的に，或は幻想的に自由に描かるべきである。教師の任務はただ生徒らを此自由な創造的活機にまで引き出す事だ。

①　絵を描く子供たち　　　②　図画教育論

③　想画による子供の教育　　④　自由画教育

⑤　農山村図画教育の確立

問2　次の記述は，日本の美術教育について述べたものである。[　　]に当てはまる人物として最も適切なものを，以下の①～⑤のうちから選びなさい。

　建築家，川喜田煉七郎は新建築工芸研究所において構成教育の実践を行った。川喜田の行った教育は[　　]との共著で，1934年に『構成教育大系』としてまとめられ，出版された。

①　武井　勝雄　　②　上原　六四郎　　③　正木　直彦

④　白濱　徴　　　⑤　小山　正太郎

問3　次の記述は，世界の美術教育について述べたものである。[　　]に当てはまる人物として最も適切なものを，以下の①～⑤のうちから選びなさい。

　[　　]はアメリカ哲学を代表する哲学者，教育学者であり，プラ

グマティズムの創始者の一人である。[　　]は「教育は経験の不断の再組織化または経験の再構成である」と述べ，1934年に芸術を「経験」という視点でとらえた『経験としての芸術』を著した。

①　ペスタロッチ　　②　ヘルバルト　　③　フレーベル
④　デューイ　　　　⑤　ルソー

問4　次の記述は，世界の美術教育について述べたものである。[　　]に当てはまる人物として最も適切なものを，以下の①～⑤のうちから選びなさい。

　　『美術教育と子どもの知的発達』の著者である[　　]の顕著な業績の一つに，1960年代に行った「ケタリング・プロジェクト」と呼ばれる美術教育カリキュラム開発がある。このカリキュラムは製作活動を主とした美術授業(表現的領域)の形態に加えて批評的領域，歴史的領域を構成内容に設定したことで，現在のDBAE理論に基づくカリキュラムの先導的な役割を果たした。

①　アイスナー　　②　リード　　　　③　アルンハイム
④　ブルーナー　　⑤　ガードナー

(☆☆☆◎◎◎)

【2】「感じ取ったことや考えたことを基に表現する活動」について，次の各問いに答えなさい。

問1　次のア～エは，画材について説明したものである。正誤の組合せとして最も適切なものを，以下の①～⑧のうちから選びなさい。

ア　パステル …………顔料にごく少量のアラビアゴムなどの展色剤を混ぜて固めたもの。

イ　ポスターカラー …顔料をルツーセで練り合わせたもの。

ウ　油絵の具 …………顔料を亜麻仁油やけし油などで練り合わせたもの。

エ　透明水彩絵の具 …顔料を卵で練り合わせたもの。

	ア	イ	ウ	エ
①	正	正	正	誤
②	正	正	誤	正
③	正	誤	正	正
④	正	誤	正	誤
⑤	誤	正	正	誤
⑥	誤	正	誤	正
⑦	誤	誤	正	正
⑧	誤	誤	誤	正

問2　以下の記述は，図版で用いられている絵画技法について述べた
　　ものである。[　　　]に当てはまる語句として最も適切なものを，後
　　の①～⑤のうちから選びなさい。

図版

　　[　　]とは，灰色などの単色の顔料を，油等で塗り重ね，グラデーションだけで対象を描く技法であり，初期フランドル絵画に見られる特有な表現形式である。

① アサンブラージュ　　② スカンブリング　　③ マチエール

④ ドライブラシ　　　　⑤ グリザイユ

問3　次の図版は掛け軸の図である。 ア 〜 エ の名称の組合せとして最も適切なものを，以下の①〜⑨のうちから選びなさい。

図版

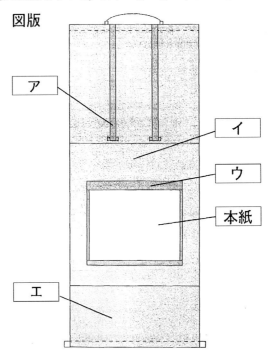

	ア	イ	ウ	エ
①	天(てん)	一文字(いちもんじ)	柱(はしら)	地(ち)
②	天(てん)	地(ち)	中廻し(ちゅうまわ)	柱(はしら)
③	天(てん)	中廻し(ちゅうまわ)	一文字(いちもんじ)	地(ち)
④	露(つゆ)	一文字(いちもんじ)	柱(はしら)	地(ち)
⑤	露(つゆ)	地(ち)	中廻し(ちゅうまわ)	柱(はしら)
⑥	露(つゆ)	中廻し(ちゅうまわ)	一文字(いちもんじ)	地(ち)
⑦	風帯(ふうたい)	一文字(いちもんじ)	柱(はしら)	地(ち)
⑧	風帯(ふうたい)	地(ち)	中廻し(ちゅうまわ)	柱(はしら)
⑨	風帯(ふうたい)	中廻し(ちゅうまわ)	一文字(いちもんじ)	地(ち)

問4　次の記述は，モザイク画について述べたものである。[　　]に当てはまる語句として最も適切なものを，以下の①～⑤のうちから選びなさい。

　もとから色の付いた石やガラスを小さく砕いた[　　]と呼ばれる小片を，漆喰が塗られた壁に埋め込むという形で制作されている。

①　エンコースティック　　②　テッセラ　　③　エマルジョン
④　グリセリン　　　　　　⑤　メディウム

問5　次の記述は，リトグラフについて述べたものである。[　ア　]，[　イ　]に当てはまる語句の組合せとして最も適切なものを，以下の①～⑥のうちから選びなさい。

　[　ア　]と油の反発作用を利用して製版，印刷する版画で，版を彫刻することなく描いたままに再現できる点が特徴で，平版ともいう。

手順1　リトグラフ用の油性ペンや解墨(ときずみ)で描く。
手順2　[　イ　]を塗ってよく乾かした後に，版を洗い[　イ　]を落とす。
手順3　ローラーで油性インクをのせ，プレス機で刷る。

	ア	イ
①	液体グランド	パンドル
②	液体グランド	アラビアゴム液
③	水	液体グランド
④	水	アラビアゴム液
⑤	アラビアゴム液	液体グランド
⑥	アラビアゴム液	パンドル

問6　以下の記述は，図版の彫刻について述べたものである。[　　]に当てはまる語句として最も適切なものを，後の語句①〜⑤のうちから選びなさい。

　また，図版の作者として最も適切なものを，後の人物名①〜⑤のうちから選びなさい。

図版

　[　　]は，イタリア語で「対置された」を意味する。片脚に重心をかけ，もう一方の脚は力を抜き軽く曲げている。上半身は，バランスをとるために重心と反対の方向に捻れている。

17

語句
　① マッス　　　　② インパスト　　　　③ ヴァルール
　④ エチュード　　⑤ コントラポスト

人物名
　① ドナテッロ　　② ミケランジェロ　　③ マザッチオ
　④ マイヨール　　⑤ ブールデル

問7　次の記述は，ある画家について述べたものである。この画家の
　作品として最も適切なものを，以下の①～⑤のうちから選びなさい。

　　1839年に生まれた後期印象派の画家で，「自然を円筒，球，円錐
　によって捉える」という有名な言葉を述べている。対象を分解し，
　再構築して描いた。

①

②

③

④

⑤

(☆☆☆◎◎◎)

【3】「伝える，使うなどの目的や機能を基にして表現する活動」につい
て，次の各問いに答えなさい。

問1　次の記述は，金工に使用される金属について述べたものである。
この素材として最も適切なものを，以下の①〜⑦のうちから選びな
さい。

銅と亜鉛の合金で，耐食性，切削性が高いため，鋳金（ちゅうきん）や鍛金（たんきん）に適
している。楽器や工芸品に用いられ，真鍮（しんちゅう）ともいう。

①　錫（すず）　　　　　　　②　青銅（せいどう）　　③　赤銅（しゃくどう）　　　④　四分一（しぶいち）
⑤　アルミニウム　⑥　黄銅（おうどう）　⑦　チタン

問2　次の図版は，編組（へんそ）工芸のある編み方を表したものの一部である。
図版の編み方の名称として最も適切なものを，以下の①〜⑥のうち
から選びなさい。

図版

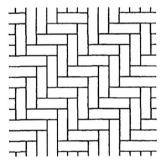

①　六つ目編み（むつめあみ）　②　矢羽編み（やばねあみ）　③　矢来編み（やらいあみ）
④　二本縄編み（にほんなわあみ）　⑤　掛編み（かけあみ）　⑥　網代編み（あじろあみ）

問3　次のア〜ウの記述は，アニメーションの装置について述べたも
のである。その記述と装置の名称の組合せとして最も適切なものを，
以下の①〜⑧のうちから選びなさい。

ア　円筒状の装置の中に連続した動きの絵を入れて，回転させなが
らスリットを通して中をのぞくと絵が動いて見える。

イ　表と裏に違う絵を描き，両側のねじったひもを引っ張って紙を
高速で回転させると二つの絵が一つに重なって見える。

ウ　多角柱の鏡が中央に取り付けられた円筒形の装置の内壁に連続
　　して変化する絵を設置する。これを回転させると鏡の中に動画が
　　見える。

	ア	イ	ウ
①	フェナキスティスコープ	プラクシノスコープ	ソーマトロープ
②	ゾートロープ	ソーマトロープ	プラクシノスコープ
③	プラクシノスコープ	ゾートロープ	フェナキスティスコープ
④	ソーマトロープ	フェナキスティスコープ	ゾートロープ
⑤	ゾートロープ	ソーマトロープ	フェナキスティスコープ
⑥	フェナキスティスコープ	プラクシノスコープ	ゾートロープ
⑦	ソーマトロープ	ゾートロープ	プラクシノスコープ
⑧	プラクシノスコープ	フェナキスティスコープ	ソーマトロープ

問4　以下の記述は，図版の建築物について述べたものである。この
　　建築物の作者として最も適切なものを，後の①〜⑥のうちから選び
　　なさい。

図版

　　訪れた人を柔らかく包み込む「グローブ」と呼ばれるドーム状の
覆いが特徴。空気の流れをコントロールし，また昼間は上部から自
然光を取り込み，夜はLED照明がともされランプシェードとなる。
①　丹下　健三　　②　青木　淳　　③　伊東　豊雄

④　安藤　忠雄　　⑤　坂　茂　　⑥　藤森　照信

問5　次の記述は，斜投影図法について述べたものである。[　　]に当てはまる語句として最も適切なものを，以下の①～④から選びなさい。

　　平行で正確な形状の正面図に対し，2分の1の縮尺で奥行を描く図法を[　　]図法という。

①　カバリエ投影　　②　ミリタリ投影　　③　キャビネット投影
④　アイソメトリック

問6　以下の記述は，図版のポスターについて述べたものの一部である。このポスターの作者として最も適切なものを，後の①～⑥から選びなさい。

図版

　　作者は琳派や浮世絵など日本の伝統的な美術から影響を受けた。このポスターは，俵屋宗達が描いた鹿の図の造形を，現代のポスターに取り入れて表現している。

①　杉浦　非水　　②　亀倉　雄策　　③　永井　一正
④　田中　一光　　⑤　松永　真　　⑥　山城　隆一

問7　次の記述ア，イは，木材の主な加工法について述べたものである。ア，イの記述と加工法の組合せとして最も適切なものを，以下の①〜⑥から選びなさい。

ア　蒸気などで水分と熱を加え，治具(じぐ)を使い成形する技法

イ　旋盤(せんばん)や轆轤(ろくろ)で回転させながら，木材の表面に刃物を当てて形を削り出す技法

	ア	イ
①	挽物(ひきもの)	刳物(くりもの)
②	曲物(まげもの)	刳物(くりもの)
③	刳物(くりもの)	寄木(よせぎ)
④	曲物(まげもの)	挽物(ひきもの)
⑤	刳物(くりもの)	挽物(ひきもの)
⑥	挽物(ひきもの)	寄木(よせぎ)

問8　次の記述は，PCCS(日本色研配色体系)について述べたものである。12種類のトーンとして適切ではないものを，以下の①〜⑧のうちから選びなさい。

　明度と彩度が似ている色同士をグループに分けて，12種類のトーンとして分類している。トーンは雰囲気でまとめた色のグループのことで，色調とも訳される。各トーンには，その配色から得られる心理的な効果をイメージできる言葉が割り当てられている。

① ストロング　　② ダル　　　③ ブライト
④ ライト　　　　⑤ ディープ　⑥ ビビッド
⑦ ソフト　　　　⑧ クール

(☆☆☆◎◎◎)

【4】日本の美術について，次の各問いに答えなさい。

問1　次の図版ア〜オは，年代の異なる日本の仏像である。年代の古い順に並べたものの組合せとして最も適切なものを，以下の①〜⑦のうちから選びなさい。

図版

ア　　　　　　　　　　イ　　　　　　　　　　ウ

エ　　　　　　　　　　オ

	年代が古い　→　　　年代が新しい
①	エ → イ → ウ → オ → ア
②	イ → ア → エ → オ → ウ
③	イ → エ → ア → ウ → オ
④	エ → イ → ウ → ア → オ
⑤	エ → ア → イ → ウ → オ
⑥	イ → エ → ア → オ → ウ
⑦	イ → エ → ウ → ア → オ

問2　以下の記述は，図版の絵巻について述べたものである。[　　]に
当てはまる時代として最も適切なものを，後の時代①～⑥のうちか
ら選びなさい。
　また，図版の作品名として最も適切なものを，後の作品名①～⑤
のうちから選びなさい。

図版

　[　　]時代の絵巻である。鉢が空を飛び，米俵が舞い上がるなど
の不思議な物語が次々と展開され，人々の表情や動作を生き生きと
捉えている。

時代
　①　奈良　　②　平安　　③　江戸
　④　室町　　⑤　明治　　⑥　安土桃山
作品名
　①　鳥獣人物戯画　　　②　源氏物語絵巻　　③　信貴山縁起絵巻
　④　石山寺縁起絵巻　　⑤　伴大納言絵巻

問3　以下の記述は，図版について述べたものである。[　　]に当てはまる人物として最も適切なものを，後の①〜⑥のうちから選びなさい。

図版

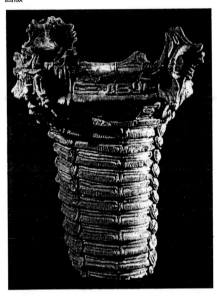

　　図版は[　　]が撮影した写真の一部である。1951年に[　　]は，東京国立博物館で偶然見た縄文土器や土偶に衝撃を受け，翌年に「縄文土器論」を発表した。考古学的価値として見られていた縄文土器や土偶に造形美を見出し，そこに人間生命の根源や古代人がもつ表現のパワーを感じ，自分の表現に生かした。

①　高松　次郎　　②　白髪　一雄　　③　吉原　治良
④　岡本　太郎　　⑤　田中　敦子　　⑥　赤瀬川　原平

問4 次の図版ア～オのうち，尾形光琳の作品として適切ではない図版の組合せを，以下の①～⑨のうちから選びなさい。

図版

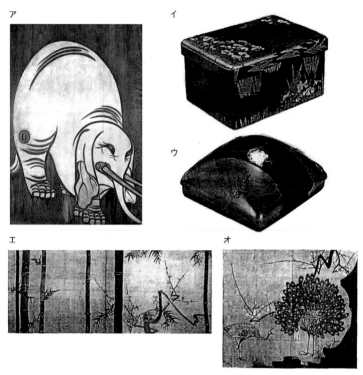

ア

イ

ウ

エ

オ

① ア，イ   ② イ，ウ   ③ ア，エ
④ エ，オ   ⑤ イ，オ   ⑥ ウ，エ
⑦ ア，ウ   ⑧ イ，エ   ⑨ ア，オ

問5　次の記述は，日本のある建築物について述べたものである。この記述に当てはまる建築物として最も適切なものを，以下の①〜⑥のうちから選びなさい。

　　大仏様(天竺様)の代表的な建築で，屋根裏まで貫く太い通し柱，深い軒を支える肘木，縦横に通された貫など，飾りが少なく大きなつくりである。

問6　以下の記述は，図版について述べたものである。この図版の作者として最も適切なものを，後の①〜⑥のうちから選びなさい。

図版

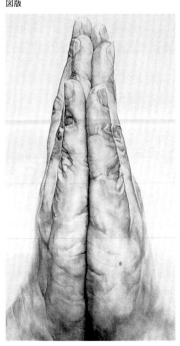

　この作品は，作者が東日本大震災の被災地を訪れ，現地の状況を目の当たりにしたことがきっかけとなって制作された。

①　木下　晋　　②　池田　学　　③　関口　光太郎
④　奈良　美智　　⑤　山口　晃　　⑥　遠藤　彰子

問7 以下の記述は，図版について述べたものである。この図版のポスターの作者として最も適切なものを，後の①～⑥のうちから選びなさい。

図版

ヒロシマ・アピールズは，世界に平和を呼びかける取り組みとして，1983年に始まった。毎年，一人のデザイナーが平和をテーマにポスターをデザインしている。2015年は[　　]が制作した。

① 亀倉　雄策　　② 大溝　裕　　③ 福田　繁雄
④ 服部　一成　　⑤ 佐藤　卓　　⑥ 田部井　美奈

(☆☆☆◎◎◎)

【5】世界の美術について，次の各問いに答えなさい。

問1　次の記述は，ある画家について述べたものである。この画家の作品として最も適切なものを，以下の①～⑥のうちから選びなさい。

　　　この画家は1466年ころ，当時のフィレンツェで最も名声の高かった親方ヴェロッキオの工房へ入り，画家の修業を開始した。親方ヴェロッキオの「キリストの洗礼」の制作に参加し，後に万能の天才と呼ばれた。

①　　　　　　　　　　　　　②

③　　　　　　　　　　　　　④

⑤

⑥

問2　次の記述は，ロマン主義について述べたものである。下線部の
画家の作品として最も適切なものを，以下の①〜⑤のうちから選び
なさい。

　新古典主義の美術に対し，人間の個性や感情の表出を，強い色彩
や激しい動勢で表現したのがロマン主義である。イギリスの画家コ
ンスタブルの外光描写や，同じ<u>イギリス出身で光を色彩で表現しよ
うと試みた画家</u>の表現方法が，フランスのロマン主義の画家たちに
影響を与えた。

①

②
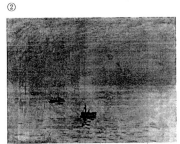

③ ④ ⑤

問3 次の図版ア〜クは，年代の異なる彫刻作品である。年代の古い順に並べたものの組合せとして最も適切なものを，以下の①〜⑥のうちから選びなさい。

図版
ア イ ウ エ

オ　　　　　　　カ　　　　　　　キ　　　　　　　ク

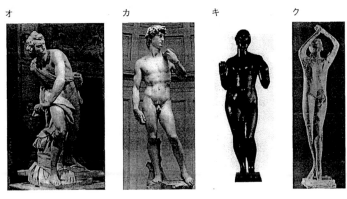

	年代が古い　→　　年代が新しい
①	イ → エ → ウ → オ → カ → ア → キ → ク
②	イ → ウ → エ → カ → オ → キ → ア → ク
③	ウ → エ → イ → オ → カ → キ → ク → ア
④	ウ → イ → エ → カ → オ → ア → ク → キ
⑤	エ → ウ → イ → オ → カ → キ → ク → ア
⑥	エ → イ → ウ → カ → オ → ア → キ → ク

問4　次の記述は，ピカソについて述べたものであり，図版ア〜クは
　　ピカソの作品である。ピカソの作品を年代の古い順に並べたものの
　　組合せとして最も適切なものを，後の①〜⑥のうちから選びなさい。
　　　ピカソは20世紀を代表する芸術家の一人である。キュビスムなど，
　　時代によってさまざまに作風を変えながら，数多くの作品を残した。

図版
　ア　　　　　　　　　　　　イ

ウ

エ

オ

カ

キ

ク

	年代が古い　→　　年代が新しい
①	エ → カ → イ → ア → オ → キ → ク → ウ
②	カ → エ → イ → オ → ア → キ → ウ → ク
③	イ → カ → エ → オ → ア → ウ → キ → ク
④	エ → カ → イ → オ → ア → キ → ク → ウ
⑤	カ → エ → イ → ア → オ → キ → ウ → ク
⑥	イ → エ → カ → オ → ア → ウ → キ → ク

問5　次の図版ア，イは，それぞれある建築物の内部である。これら
の建築物として最も適切なものを，以下の①〜⑧のうちからそれぞ
れ選びなさい。

図版
ア　　　　　　　　　イ

① タージ・マハル　　② ヴェルサイユ宮殿
③ シャルトル大聖堂　④ ランス大聖堂
⑤ アルハンブラ宮殿　⑥ アミアン大聖堂
⑦ サグラダ・ファミリア聖堂
⑧ サンタ・マリア・デル・フィオーレ大聖堂

問6　次の図版は，ある画家の自画像である。この画家の作品として
　最も適切なものを，以下の①〜⑦のうちから選びなさい。

図版

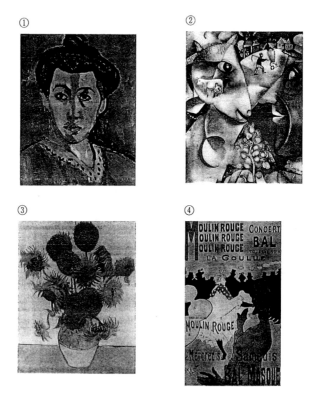

⑤　　　　　　　　　　⑥

⑦

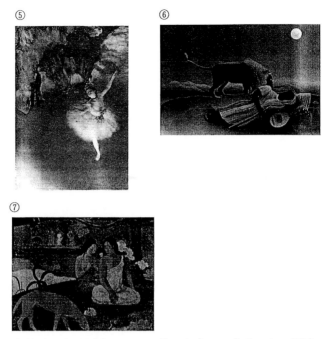

問7　次の記述は，ある画家について述べたものである。この画家の
　　作品として最も適切なものを，以下の①〜⑤のうちから選びなさい。
　　　画家は，数年間にわたってリンゴの木を描き続け，いくつかの作
　　品を残した。そこにはリンゴの木の形を次第に単純化していく過程
　　が表れている。「花盛りのりんごの樹」は木や地面などが単純な黒
　　い弓なりの線の組合せで表され，抽象化されている。

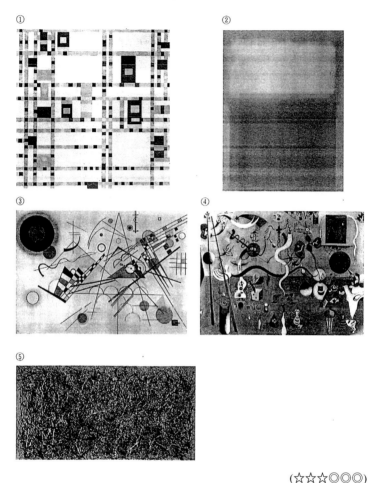

(☆☆☆◎◎◎)

【中学校】

【１】「中学校学習指導要領(平成29年3月告示)」「第2章　第6節　美術」について，次の各問いに答えなさい。

　問1　次の記述は，「第1　目標」である。[　　]に当てはまる語句として最も適切なものを，以下の①～⑤のうちから選びなさい。

表現及び鑑賞の幅広い活動を通して，造形的な見方・考え方を働かせ，生活や社会の中の美術や美術文化と豊かに関わる資質・能力を次のとおり育成することを目指す。

(1) 対象や事象を捉える造形的な視点について理解するとともに，表現方法を創意工夫し，創造的に表すことができるようにする。

(2) 造形的なよさや美しさ，表現の意図と工夫，美術の働きなどについて考え，主題を生み出し豊かに発想し構想を練ったり，美術や美術文化に対する見方や感じ方を深めたりすることができるようにする。

(3) 美術の創造活動の喜びを味わい，美術を愛好する心情を育み，感性を豊かにし，心豊かな生活を創造していく[　　]を養い，豊かな情操を培う。

① 感性　② 態度　③ 能力　④ 資質　⑤ 技能

問2　〔第1学年〕の「2　内容」の「B　鑑賞　(1)　イ(ア)」の記述として最も適切なものを，次の①〜④のうちから選びなさい。

① 造形的なよさや美しさを感じ取り，作者の心情や表現の意図と創造的な工夫などについて考えるなどして，美意識を高め，見方や感じ方を深めること。

② 日本の美術作品や受け継がれてきた表現の特質などから，伝統や文化のよさや美しさを感じ取り愛情を深めるとともに，諸外国の美術や文化との相違点や共通点に気付き，美術を通した国際理解や美術文化の継承と創造について考えるなどして，見方や感じ方を深めること。

③ 身の回りにある自然物や人工物の形や色彩，材料などの造形的な美しさなどを感じ取り，生活を美しく豊かにする美術の働きについて考えるなどして，見方や感じ方を広げること。

④ 目的や機能との調和のとれた洗練された美しさなどを感じ取り，作者の心情や表現の意図と創造的な工夫などについて考えるなどして，美意識を高め，見方や感じ方を深めること。

問3　〔第2学年及び第3学年〕の「2　内容」の「A　表現　(1)　ア(ア)」

の記述として最も適切なものを，次の①〜④のうちから選びなさい。

① 使う目的や条件などを基に，使用する者の立場，社会との関わり，機知やユーモアなどから主題を生み出し，使いやすさや機能と美しさなどとの調和を総合的に考え，表現の構想を練ること。

② 構成や装飾の目的や条件などを基に，用いる場面や環境，社会との関わりなどから主題を生み出し，美的感覚を働かせて調和のとれた洗練された美しさなどを総合的に考え，表現の構想を練ること。

③ 対象や事象を深く見つめ感じ取ったことや考えたこと，夢，想像や感情などの心の世界などを基に主題を生み出し，単純化や省略，強調，材料の組合せなどを考え，創造的な構成を工夫し，心豊かに表現する構想を練ること。

④ 伝える目的や条件などを基に，伝える相手や内容，社会との関わりなどから主題を生み出し，伝達の効果と美しさなどとの調和を総合的に考え，表現の構想を練ること。

問4 次の記述は，〔第2学年及び第3学年〕の「2　内容」の〔共通事項〕(1)である。[　]に当てはまる語句として最も適切なものを，以下の①〜⑤のうちから選びなさい。

(1) 「A　表現」及び「B　鑑賞」の指導を通して，次の事項を身に付けることができるよう指導する。

ア 形や色彩，材料，光などの性質や，それらが[　]にもたらす効果などを理解すること。

イ 造形的な特徴などを基に，全体のイメージや作風などで捉えることを理解すること。

① 感情　② 作品　③ 表現　④ 視覚　⑤ 生活

(☆☆☆◎◎◎)

【高等学校】

【1】「高等学校学習指導要領(平成30年3月告示)」「第2章　第7節　芸術」の「第2款　各科目」について，次の各問いに答えなさい。

問1　次の記述は,「第4　美術Ⅰ」の「1　目標」である。[　　]に当てはまる語句として最も適切なものを,以下の①～⑤のうちから選びなさい。

　　美術の幅広い創造活動を通して,造形的な見方・考え方を働かせ,美的体験を重ね,生活や社会の中の美術や美術文化と幅広く関わる資質・能力を次のとおり育成することを目指す。

　(1)　対象や事象を捉える造形的な視点について理解を深めるとともに,意図に応じて表現方法を創意工夫し,創造的に表すことができるようにする。

　(2)　造形的なよさや美しさ,表現の意図と創意工夫,美術の働きなどについて考え,主題を生成し創造的に発想し構想を練ったり,価値意識をもって美術や美術文化に対する見方や感じ方を深めたりすることができるようにする。

　(3)　主体的に美術の幅広い創造活動に取り組み,生涯にわたり美術を愛好する心情を育むとともに,感性を高め,美術文化に親しみ,心豊かな生活や社会を創造していく[　　]を養う。

①　感性　　②　態度　　③　能力　　④　資質　　⑤　技能

問2　「第4　美術Ⅰ」の「2　内容」の「B　鑑賞　(1)　鑑賞　イ(ア)」の記述として最も適切なものを,次の①～④のうちから選びなさい。

①　造形的なよさや美しさを感じ取り,作者の心情や意図と創造的な表現の工夫などについて考え,見方や感じ方を深めること。

②　映像メディア表現の特質や表現効果などを感じ取り,作者の心情や意図と創造的な表現の工夫などについて考え,見方や感じ方を深めること。

③　環境の中に見られる造形的なよさや美しさを感じ取り,自然と美術の関わり,生活や社会を心豊かにする美術の働きについて考え,見方や感じ方を深めること。

④　目的や機能との調和の取れた洗練された美しさなどを感じ取り,作者の心情や意図と創造的な表現の工夫などについて考え,見方や感じ方を深めること。

問3　「第5　美術Ⅱ」の「2　内容」の「A　表現　(1)　絵画・彫刻
　　ア(ア)」の記述として最も適切なものを，次の①～④のうちから選
　　びなさい。
　　①　主題に合った表現方法を創意工夫し，個性豊かで創造的に表す
　　　こと。
　　②　表現方法を創意工夫し，主題を追求して創造的に表すこと。
　　③　自然や自己，社会などを深く見つめ感じ取ったことや考えたこ
　　　となどから主題を生成すること。
　　④　意図に応じて材料や用具の特性を生かすこと。
問4　次の記述は，「第6　美術Ⅲ」の「2　内容」の〔共通事項〕(1)で
　　ある。[　　]に当てはまる語句として最も適切なものを，以下の
　　①～⑤のうちから選びなさい。
　(1)　「A表現」及び「B鑑賞」の指導を通して，次の事項を身に付け
　　　ることができるよう指導する。
　　　ア　造形の要素の働きを理解すること。
　　　イ　造形的な特徴などを基に，全体のイメージや作風，[　　]な
　　　どで捉えることを理解すること。
　①　様式　　②　技法　　③　形式　　④　構造　　⑤　図像
　　　　　　　　　　　　　　　　　　　　　　　　(☆☆☆◎◎◎)

解答・解説

【中高共通】

【1】問1　④　　問2　①　　問3　④　　問4　①
〈解説〉問1　山本鼎(1882～1946年)が提唱した自由画運動について記述
　　されている。この時代の日本に浸透していた，手本を模写するだけの
　　美術教育を問題視し，子どもが自由に描く必要性を説いた。この運動
　　が全国に広がる中，特に長野県では当時の個性教育の流行もあり，急

速に普及したといわれる。このため，第1回児童自由画展覧会には長野県から約1万点の作品が出展され，その作品を7千人以上の児童が鑑賞するという盛り上がりを見せた。この美術教育は現在まで大きな影響をもたらしている。　問2　川喜田煉七郎は昭和5(1930)年にウクライナのハリコフ劇場建築国際設計コンペに入選し注目された建築家。1932(昭和7)年に建築工芸研究所(東京・銀座)を開き，ドイツ・バウハウス流の構成教育を行った。その後，昭和9(1934)年に『構成教育大系』を著し，尋常小学校教員であった武井勝雄と共に構成教育運動を広め，学校への普及に務めた。なお，武井勝雄は『美術による人間形成』(ローウェンフェルド著)の共訳や『バウハウス・システムによるデザイン教育入門』などの著書もある。日本の美術教育では2年連続で川喜田煉七郎と武井勝雄の『構成教育大系』が出題された。　　問3　例年出題される世界の教育者についての設問である。前年度から遡って，チゼック，ケロッグ，ローウェンフェルド，アイスナーなどの出題となる。代表的な教育者が繰り返し問われるため，確実におさえておきたい。正答のジョン・デューイ(1859〜1952年)は20世期前半に活躍した哲学者である。教育や芸術のみならず，様々な分野で研究を重ね，各方面に多くの影響を与えた。『経験としての芸術』(1934年)は，自身の経験概念を駆使した芸術論の集大成。芸術，鑑賞を価値あるものへと導いていった。　　問4　DBAE(Discipline-Based Art Education＝学問分野に基づいた美術教育)理論は，1980年代にアメリカで誕生した美術教育の方法論であり，エリオット・アイスナー(1933〜2014年)がその研究を精力的に主導した。それまで行われていた制作活動を中心とする美術教育に対し，学問分野として4つの専門性(美学・美術批評・美術史・制作)を取り入れた。これにより今日の鑑賞教育につながる流れを生み出したともいわれている。なお，この設問も昨年から問い方を変え，引き続き出題されている。

【2】問1　④　　問2　⑤　　問3　⑨　　問4　②　　問5　④
　　問6　語句…⑤　　人物名…①　　問7　④

〈解説〉問1　ポスターカラーは顔料をアラビアゴムと水で混ぜた不透明水彩絵の具であるため，イは誤り。エの透明水彩絵の具は顔料にアラビアゴム，グリセリンなどを練り合わせた絵の具であるため誤り。なお，記述にある卵を使うのは，古典技法のテンペラ画である。描画材には様々な種類がある。主に顔料と呼ばれる色素と，その顔料を画面に定着させる展色剤(接着剤)からできていると覚えよう。　問2　グリザイユとはフランス語で灰色を意味するが，一般的には灰色か茶色が使われ，モノクロームやセピア色で描かれる古典技法のひとつである。よい点としては色に惑わされずに立体感が出しやすいことがあげられる。現在では，モノクロで描かれた絵の上に，半透明の色をのせる技法がグリザイユ技法と呼ばれている。　問3　掛け軸の部分的な名称を答える難易度の高い問題である。日本の伝統的な美術は暮らしの中で使われるためにつくられてきた。掛け軸は日本家屋で生かされる道具に形を変えて生活の中で使われた。一般的には和室の床の間などに飾り，季節や行事，人の心に寄り添った絵柄をその時々に合わせて掛け替えた。また，コンパクトな巻物になり，収納や保管にも機能性がある。　問4　モザイク画は主に建物の床や壁，工芸品の装飾に施される。過去の試験では，世界文化遺産に登録されているモザイク装飾の代表的な地区や作品が出題されている。特にイタリアのラヴェンナは「モザイクの首都」ともいわれ，街全体がモザイク装飾にあふれている。このほかにトルコ・イスタンブールのアヤソフィアなどもチェックしておきたい。　問5　版画技法では，長らく銅版の出題が多かったが，平版のリトグラフに変わっている。ここでは選択肢①〜⑥の材料についてそれぞれ解説する。イのアラビアゴム液は主にリトグラフの制作に用いられ，マスキング，製版液としての役割を持つ。液体グランドは銅版の制作で防蝕剤として塗布する液体である。パンドルは天然ダンマル樹脂を主成分とし，油彩画制作の際に調合油のワニスとして使用する。速乾性があり光沢や透明性が出る。　問6　彫刻の技法と作品・作者が掛け合わされた設問である。ほかの分野でもこのような出題傾向を想定して学習しておきたい。コントラポスト以外で

は，マッスなども出題されることが多い。マッスは彫刻・建築分野の
用語で，細部を離れ全体の中で大きな分量として把握される部分のこ
とや，大きな塊として把握される。図版はルネサンス初期のイタリア
人彫刻家ドナテッロのブロンズ彫刻「ダヴィデ」像(1440年頃)である。
イタリア・フィレンツェのバルジェロ美術館にある。この美術館には，
過去に出題された石膏像で知られている「ブルータス」像(ミケランジ
ェロ作)など，彫刻の名作が数多く収蔵されていることから注目して勉
強しておくとよい。　問7　正答の図版④は，アメリカ・フィラデル
フィア美術館所蔵のポール・セザンヌ(1839～1906年)作「サント・ヴ
ィクトワール山」(1904年)である。セザンヌは，当初の印象派グルー
プから離れ，既成概念にとらわれない独自の絵画様式を探究した。特
にキュビズムの芸術概念の基礎を作ったことでも知られ，19世期から
20世期初頭の前衛芸術への架け橋となった。ピカソやマティスらもセ
ザンヌについて「近代美術の父」と述べている。

【3】問1　⑥　　問2　⑥　　問3　②　　問4　③　　問5　③
問6　④　　問7　④　　問8　⑧
〈解説〉問1　ペーパーナイフやキーホルダー，燭台作りなどに用いられ
る真鍮の別名を問われている。黄銅は，金に似た金色や黄色の金属と
して，五円硬貨や仏具，インテリア品，鍵，機械，水道設備などに幅
広く使われている。金などに比べ安価で比較的加工が容易であり，鉄
などのように全体が腐食することなく，水にも強い。また，近年，新
型コロナウイルスの環境中の生存期間を調べた調査(米国・CDC)で，
空気，紙，プラスチックなどに比べ，銅合金の表面のウイルス生存率
が低いというデータも発表され，抗菌効果，繁殖防止などの特徴も注
目される。なお，①錫は，白銀色で軟らかく展延性のある金属，②青
銅(ブロンズ)は銅を主成分として錫を含む合金，③赤銅は，銅に金3～
5％，銀1％程度を加えた銅合金，④四分一は銅と銀の合金である。四
分一はその中で銀の比率が4分の1であることから名付けられた。⑤ア
ルミニウムは数百年前から使われるようになった歴史が浅い金属でボ

ーキサイトという鉱石を原料に作られる。⑦チタンはチタン鉱物からなる銀白色の金属。軽く，強く，錆びにくいという特徴をもつ。これまで金属工芸分野の出題は，技法の特徴を問う出題が多く，金属素材そのものの知識を問う問題は珍しい。今後，工芸素材の出題傾向に含まれてくる可能性もあるため，傾向と対策には要チェックが必要だ。

問2　編組工芸とは，竹や籐などのつるや麦わらなどを素材とし，編む，組むなどして制作される工芸品。授業では籐やクラフトテープで編むカゴや鍋敷などで学習する機会のある分野だ。各種の編み方を規則的に繰り返す制作のため，絵画や彫刻やデザインに苦手意識を持つ生徒が生き生きと活躍することもある。授業の年間計画では，いろいろな分野で良さを発揮できる場面を試行錯誤して取り入れて欲しい。

問3　アニメーションの歴史をたどる際に必ず出てくる，アニメーション装置の出題となった。特に，アニメーションや映像分野に関しては文章だけでなく，実物の画像や動画，効果をしっかり経験し理解しておく必要がある。これについては，東京都写真美術館の教育普及プログラム「図工・美術×アニメーション」の公式サイトを併用して学習することをお勧めしたい。回転アニメーションの歴史や，実際の授業案，活用方法などが分かりやすく紹介されている。なお，エジソンが最初のアイディアを考案したキネトグラフは初の映画鑑賞装置として知られ，木箱をのぞき込みながら映像を見る装置である。アニメだけでなく，映像の装置についても今後の出題が考えられることから，要チェックである。　問4　図版は，岐阜県にある岐阜市立中央図書館である。2015年に「みんなの森　ぎふメディアコスモス」として完成され，図書館，市民活動交流センター，ホール，ショップ，カフェなどが一体となった市民のための施設として活用されている。天井は岐阜県産の東濃檜を格子状に重ね，波打つ形状が特徴的で，各ブースの頭上に吊るされた11個の「グローブ」は，岐阜県内のテントの会社によって手掛けられている。設計した伊藤豊雄(1941年〜)は，建築界のノーベル賞と呼ばれるプリツカー賞を受賞するなど，世界的に活躍する日本の建築家のひとりである。代表作は「せんだいメディアパー

ク」,「多摩美術大学図書館」,「横浜風の塔」,「シルバーハット」など多数。このほか選択肢にあげられている5名の建築家も,出題されてもおかしくない日本を代表する建築家である。出題傾向を考え,代表作や作風などを勉強しておきたい。　問5　製図法の立体図法からの出題となった。①カバリエ投影図は,投影線が投影面に対して斜め45度の傾きをもつ図のこと,②ミリタリ投影図は,投影方向に対し斜めにおかれた投影面への平行投影,④アイソメトリックは,日本語では等角投影法と呼ばれる。斜め上から対象物を見下ろすような視点で描かれる図のことで,インテリアの俯瞰図などでもよく使われる。

問6　日本のグラフィックデザイン史で,特に頻出のポスター作品とその作者について問われた。琳派の影響を受けたデザインといえば,一択で田中一光(1930〜2002年)を選ぶことになる。このほか日本古典芸能ポスターも有名で,初期の無印良品やセゾングループディレクションも手掛けたことで知られる。強い色彩と独特の琳派的感覚が特徴のグラフィックデザイナーである。選択肢の5人はいずれも日本を代表するグラフィックデザイン界の巨匠である。　問7　木工芸の代表的な技法について問われている。誤肢の刳物は,ノミやカンナなどの道具を用い,手で木をくりぬき,形を削り出す技法であり,寄木は,神奈川県の伝統工芸品に指定される寄木細工で知られる,色や木目の異なる木片を組み合わせて模様を表した細工のこと。出題にはないが,金属の釘を使わずに板状の木を組み合わせてつくる指物などもおさえておきたい。　問8　色彩分野の出題では,日本で開発された体系のPCCSと国際的な表示方法のマンセル表色系,オスワルト表色系などが頻出である。PCCSのトーンマップには,ペール,ライト,ブライト,ライトグレイッシュ,ソフト,ストロング,ビビッド,グレイッシュ,ダル,ディープ,ダークグレイッシュ,ダークの12種類がある。ファッション,インテリアなど様々な色の配色や組み合わせなどに活用されるほか,色彩検定などの問題でも頻出傾向にある。

【4】問1　③　　問2　時代…②　作品名…③　　問3　④　　問4　⑦
問5　②　　問6　①　　問7　⑤

〈解説〉問1　日本を代表する仏像を年代の古い順に図版を並べると，
イ　釈迦三尊像(国宝)，623年，法隆寺，飛鳥文化を代表する彫刻。→
エ　阿修羅像(国宝)，奈良時代，興福寺，脱活乾漆造で作られる。→
ア　如意輪観音坐像(国宝)，平安時代初期(842年前後)，観心寺，年一
回のご開帳で知られる。→ウ　雲中供養菩薩像(国宝)(北25番)，1053年，
平等院鳳凰堂。→オ　木喰上人，16羅漢像，1806年，清源寺の順にな
る。　問2　図版は平安時代後期の12世期頃の絵巻物「信貴山縁起絵
巻」(国宝)の「山崎長者の巻」の部分であるとされる。「鳥獣人物戯画」，
「源氏物語絵巻」，「伴大納言絵詞」などと並び日本を代表する絵巻物
と称される。　問3　「太陽の塔」などで知られる岡本太郎(1911〜1996
年)は，自身が東京国立博物館で観た縄文土器をきっかけに，1952年の
初め，「縄文土器論」を雑誌に発表している。考古学としてしか観ら
れてこなかった縄文土器は，美的な鑑賞の対象として着目されるよう
になった。この後，著書『日本の伝統』の出版に際し，本人によって
撮影された縄文土器が図版の写真作品である。2019年には川崎市岡本
太郎美術館で「岡本太郎と日本の伝統」展が開催された。神奈川県に
ゆかりの深い作家や美術館などは出題率も高い。日頃からチェックし
ておくとよいだろう。　問4　神奈川県では適切ではない図版を選択
する設問は珍しい。勘違いして尾形光琳の代表作を選ばないように注
意が必要である。まず，この設問の中に出てくる作品の作者は3人。
桃山から江戸初期の総合芸術プロデューサー(書・画・漆芸・陶芸)と
して知られる本阿弥光悦(1558〜1637年)の作品は，図版ウ「舟橋蒔絵
硯箱」(国宝)で東京国立博物館所蔵である。光悦とコラボレーション
作品を手掛け，世の中の常識を覆した後，「風神雷神図」を生んだ俵
屋宗達(生没年不明)の作品は，図版ア「杉戸図(白像図)」(重要文化財)
で京都・養源院所蔵である。江戸中期，宗達の作品様式に大きな影響
を受け，「燕子花図」を生み出した尾形光琳(1658〜1716年)の作品は，
図版イ，エ，オである。彼らの活躍により，緻密に計算された大胆な

構図，優れたデザイン感覚は，現在になお引き継がれ，設問【3】の問6に出題があった田中一光もその影響を大きく受けている。　問5　奈良県にある東大寺正門にあたる「南大門」(国宝)は，鎌倉時代に東大寺を復興した重源上人が，新たな様式である「大仏様」を取り入れ再建された。門内には，約8.4mもの像高を持ち，運慶や快慶らによって造られた「金剛力士像(阿行像・吽行像)」(国宝)が納められている。問6　作者の木下晋(1947年〜)は，10Hから10Bの鉛筆の濃淡を駆使し，独自のリアリズムを追求しながら表現活動を続ける「鉛筆画の鬼才」である。老人や病に侵された人を繊細な描写で描き，生と死を静かに見つめるような作品が鑑賞者の心を打つ。平塚市美術館では2012年に「木下晋の世界展－祈りの心－」を開催し，図版「合掌図」の新作が発表された。また，神奈川県在住画家のひとりであることも知っておきたい。　問7　日本グラフィックデザイン史において，設問にある「ヒロシマ・アピールズ」の歴代ポスター作品は外すことができないと覚えておこう。その作者・作風・作品の特徴についてはすべて網羅しておきたい。本問において，時代を代表するデザイナーの中で，近年活躍する佐藤卓(1955年〜)が出題されたということは，今後ますます現役世代の出題が予想される。以下は，歴代制作者である。どのポスター作品も深い想いを感じる秀作揃いだ。1983年：亀倉雄策，1984年：粟津潔，1985年：福田繁雄，1986年：早川良雄，1987年：永井一正，1988年：田中一光，1989年：勝井三雄，2005年：仲條正義，2006年：佐藤晃一，2007年：松永真，2008年：青葉益輝，2009年：浅葉克己，2010年：長友啓典，2011年：遠藤享，2012年：奥村靫正，2013年：葛西薫，2014年：井上嗣也，2015年：佐藤卓，2016年：上條喬久，2017年：原研哉，2018年：服部一成，2019年：澁谷克彦である。

【5】問1　⑥　　問2　③　　問3　⑥　　問4　⑤　　問5　図版ア…⑦　図版イ…②　　問6　③　　問7　①

〈解説〉問1　記述はイタリアが生んだ盛期ルネサンスの巨匠レオナルド・ダ・ヴィンチ(1452〜1519年)についてである。ヴェロッキオ工房

49

で，一部分を描いた「キリストの洗礼」(1470～1475年)は，共作の師を超える描写力が当時から話題になった。現在，イタリア・ウフィッツィ美術館に展示され，初期の頃の作品として多くのファンを魅了する。図版⑥「岩窟の聖母」(1483～1486年)は，フランス・ルーヴル美術館が所蔵するダ・ヴィンチの作品である。この作品はほぼ同じ構図で描かれたものがもう1点あり，イギリス・ナショナル・ギャラリーに収蔵されている。「モナリザ」，「最後の晩餐」と並ぶ代表作である。なお，このほかの図版はボッティチェリ，ミケランジェロ，ラファエロ，マンテーニャ，エル・グレコ，など頻出作品が揃っている。問2　19世期イギリスにおいてロマン主義を代表する作家がウィリアム・ターナー(1775～1851年)である。図版③はロンドン・ナショナル・ギャラリー所蔵の作品「雨，蒸気，速度—グレート・ウェスタン鉄道」(1844年)で，雨と霧の中で蒸気機関車が疾走する場面が描かれている。　問3　これまでにはない難易度の高い問題である。8体もの彫刻を時代順に並び替えるため，その数に焦ってしまいがちだが，冷静に消去法で解いていくとよいだろう。「クーロス」，「ミロのビーナス」，「プリマポルタのアウグスウトゥス」，「ダヴィデ」，「青銅時代」，「ヴィーナス」などが選択肢に選ばれている。　問4　8つものパブロ・ピカソ(1881～1973年)作品を年代順に並び替えるという，間違えやすい問題である。10代半ばの少年時代に描いた図版カの「自画像」から歴史をたどり，生涯に描いたとされる1万3500点の油絵・素描，300点の彫刻・陶器，10万点の版画，3万4000点の挿絵などの中から，代表的な作品が時代ごとに選別され設問になっている。以下，それぞれの作品名と年代を正答に沿って年代順にあげる。図版カ「自画像」(1896年)，図版エ「海辺の母子像」(1902年)，図版イ「サルタンバンクの家族」(1905年)，図版ア「アビニョンの娘たち」(1907年)，図版オ「海辺を走る二人の女」(1922年)，図版キ「ゲルニカ」(1937年)，図版ウ「雄牛の頭部」(1942年)，図版ク「ラス・メニーナス」(1957年)である。　問5　図版アのサグラダ・ファミリア聖堂はスペイン・バルセロナにあるカトリック教会である。世界文化遺産に登録され，アント

ニオ・ガウディの未完成建築としてあまりにも有名な建物である。なお，完成に向かい今もなお建設が続いており，日本では外尾悦郎が長年従事。2013年より主任彫刻家として全体の取り仕切りを行っている。図版イのヴェルサイユ宮殿はフランスのルイ14世が建てた宮殿である。バロック建築の代表作として絢爛豪華な建物と広大な庭園で知られる。1979年に世界文化遺産に登録されている。建築物の外観の出題はあっても，内部や装飾についての設問はこれまでに例がない。世界遺産や世界の聖堂・宮殿などについては，今後内部の特徴もしっかりとらえておくべきだろう。　問6　図版はフィンセント・ファン・ゴッホ(1853～1890年)の「僧侶としての自画像」(1888年)で，アメリカのハーバード大学フォッグ美術館が所蔵する作品である。ゴッホが自分を日本の僧侶に見立てて坊主の自画像を描いたものである。日本文化や精神文化に傾倒していたことを知ることのできる1枚である。ゴッホの代表作といえば，7点描いた「ひまわり」である。その中でも代表作と呼ばれるロンドン・ナショナル・ギャラリー所蔵の作品が図版③で正答となる。そのほかの図版は，マティス，シャガール，ロートレック，ドガ，ルソー，ゴーギャンなどの代表作が選択肢に選ばれている。　問7　正答のピエト・モンドリアン(1872～1944年)は19世期末から20世期に活躍したオランダの画家である。説明文は『花盛りの林檎の木』(1912年)でありながら，選択肢①～⑤は別の作品が並んでいるので注意が必要である。図版①が正答。ニューヨーク近代美術館(MOMA)が所蔵する「ブロードウェイ・ブギ・ウギ」(1943年)である。アメリカ移住後に聞いたジャズの曲に影響を受けて作られた晩年の傑作といわれている。このほかの図版には，ミロ，カンディンスキー，ポロック，ロスコなどの作品が選択肢として選ばれている。いずれも頻出作品であるため，類題を予想して対策をしておきたい。

【中学校】

【1】問1　②　　問2　③　　問3　③　　問4　①

〈解説〉問1　中学校学習指導要領美術の目標は「①美的，造形的表現・

創造　②文化・人間理解　③心の教育」という3つの視点でとらえられている。大前提として、「美術は何を学ぶ教科か」ということをまず生徒たちに示し、ひとつひとつ丁寧に学習の結びつきを理解させていく努力が求められる。心豊かな生活を創造する態度、豊かな感性や情操、創造する喜びなどを美術によって育てていくことが、人生や社会の中でいかに大切であるか伝えていきたい。美術は絵やものづくりが、よくできることが学習目標だと勘違いする生徒も多い。目に見えない力が将来に向けて育っていく学びの時間だと実感できるよう、気持ちと言葉を尽くして指導していくことが、大きな目標である。
問2　学習指導要領に関しては、〔第1学年〕と〔第2学年及び第3学年〕に分けて、それぞれ、目標や内容、A表現、B鑑賞、共通事項などの暗記が必要である。頻出問題であるため、それぞれ学年が上がるごとにどのような文言が加えられたり、成長過程の中で進化していったりするのか要点をまとめておきたい。ステップアップしていくという考え方では、第1学年は一番シンプルで分かりやすい選択肢が多い。①は〔第2学年及び第3学年〕の「2　内容」の「B　鑑賞　(1)　ア(ア)」である。②は〔第2学年及び第3学年〕の「2　内容」の「B　鑑賞　(1)　イ(イ)」。④は〔第2学年及び第3学年〕の「2　内容」の「B　鑑賞　(1)　ア(イ)」となる。　問3　この設問は、他学年が混じることなく、同じ「A　表現(1)」の中のアもしくはイの中から答えられるため、比較的難易度が低い。①は、〔第2学年及び第3学年〕の「2　内容」の「A　表現　(1)　イ(ウ)」である。②は〔第2学年及び第3学年〕の「2　内容」の「A　表現　(1)　イ(ア)」。④は〔第2学年及び第3学年〕の「2　内容」の「A　表現　(1)　イ(イ)」である。原則として「A　表現」の学習においては、(1)が発想・構想、(2)が技能に関する資質・能力を育成する項目としているが、それぞれ分けず(1)と(2)を組み合わせ、題材を構成することとしている。　問4　平成29(2017)年の学習指導要領改訂後、新たに加わった〔共通事項〕に含まれる「造形的な視点」に関しては、全国的に出題率が高いため、しっかり特徴を押さえておきたい。アの記述にあるように、形や色彩、材料、光などの造形の要素に着目

して，働きをとらえる細やかな視点。イの記述にあるように対象の全体像に着目し，造形的な特徴などからイメージをとらえる大きな視点のそれぞれが，どの授業でもどんな題材にも共通して必要だということを心得たい。

【高等学校】

【1】問1　②　　問2　③　　問3　③　　問4　①

〈解説〉問1　高等学校「美術Ⅰ」の目標では，中学校美術科の3年間で積み重ねた学習を基礎として，美術Ⅰは何を学ぶ教科なのかということをまず，生徒たちに示し，ひとつひとつ丁寧に学習の結びつきを理解させていく努力が求められる。「心豊かな生活や社会を創造する態度」を育てていくことが人生や社会の中でいかに大切であるか伝えていきたい。美術は絵やものづくりが，よくできることが学習目標だと勘違いする生徒も多い。目に見えない力が将来に向けて育っていく学びの場だと実感できるよう，気持ちと言葉を尽くして指導していくことが大きな目標である。　問2　「美術Ⅰ」の「2　内容」の「B　鑑賞　(1)　鑑賞　イ(ア)」の記述である正答は③である。このほか3つの選択肢はいずれも「鑑賞ア」に該当する内容の記述であった。①は「美術Ⅰ」の「2　内容」の「B　鑑賞　(1)　鑑賞　ア(ア)」である。②は「美術Ⅰ」の「2　内容」の「B　鑑賞　(1)　鑑賞　ア(ウ)」であり，高等学校で新たに独立して加わる「映像メディア表現」に関する内容である。④は「美術Ⅰ」の「2　内容」の「B　鑑賞　(1)　鑑賞　ア(イ)」となる。平成30(2018)年3月の高等学校学習指導要領の改訂により，「B　鑑賞」の内容について，アは「美術作品など」に関する事項とし，イは「美術の働きや美術文化」に関する事項にとして，それぞれに分けて示されていることを覚えておきたい。　問3　「美術Ⅱ」の「2　内容」の「A　表現　(1)　絵画・彫刻　ア(ア)」と「美術Ⅰ」との文言の差は，「自然や自己，生活などを見つめ」という冒頭の部分にある。「美術Ⅱ」になると，「自然や自己，社会などを深く見つめ」にステップアップする。なお，①は「美術Ⅱ」の「2　内容」の「A　表現　(1)　絵画・

彫刻　イ(ア)」である。②は「美術Ⅰ」の「２　内容」の「Ａ　表現
(1)　絵画・彫刻　イ(イ)」。④は「美術Ⅰ」の「２　内容」の「Ａ　表
現　(1)　絵画・彫刻　イ(ア)」となる。いずれも「絵画・彫刻」の分
野であることは共通しているが，学年をまたいでいる部分に注意が必
要である。　問4　今回はめずらしく「美術Ⅲ」〔共通事項〕からの出
題があった。高等学校の試験区別が独立している都道府県が少ないこ
とも影響し，全国的には「美術Ⅰ」の出題率が高い。神奈川県では
「美術Ⅱ」，「美術Ⅲ」も出てくることから，すべてを頭に入れておく
必要がある。「美術Ⅲ」では，文化的な視点で全体のイメージや作風，
様式などをとらえていくことについて，より深い理解が求められる。
国際理解に果たす美術の役割に気付いたり，新たな意味や価値を発見
したりすることにつなげ，実感を持って学べることを目指したい。高
等学校学習指導要領の改訂で新たに加わった〔共通事項〕は，「それ
のみを取り上げて題材にするものではなく，「Ａ表現」及び「Ｂ鑑賞」
のそれぞれの指導を通して身に付けることができるよう指導するもの
である」と，高等学校学習指導要領解説芸術(音楽，美術，工芸，書
道)編・音楽編・美術編でも補足説明されている。

2023年度 実施問題

【中高共通】

【1】美術教育について，次の各問いに答えなさい。

問1　次の記述は，日本の美術教育について述べたものである。[　　]に当てはまる語句として最も適切なものを，以下の①～⑤のうちから選びなさい。

　　川上寛が翻訳し，明治4年に刊行された日本最初の図画の教科書『[　　]』には，「世ニ画図ノ有用欠クヘカラサルヤ文ノ尽ス能ハサルヲ補ヒ」とあり，図画の有用性，実効性が述べられている。日本の図画教育の始まりは美術の表現の教育ではなく，技術教育的な側面の強いものであった。

①　新定画帖　　②　図画教育論　　③　西画指南
④　ヱノホン　　⑤　初等科図画

問2　次の記述は，日本の美術教育者について述べたものである。[　　]に当てはまる人物として最も適切なものを，以下の①～⑤のうちから選びなさい。

　　武井勝雄と[　　]は昭和9年に『構成教育大系』を著した。この本の中で[　　]は，「構成教育とは丸や，四角や，三角をならべる事ではない。所謂構成派模様を描くことでもない。我々の日常の生活の極くありふれた，極く身近な事を充分とり出して見て，それを新しい目で見なほして，それを鑑賞したり，作ったりする上のコツを摑みとるところの教育，それが構成教育である。」と述べている。

①　久保　貞次郎　　②　川喜田　煉七郎　　③　霜田　静志
④　青木　實三郎　　⑤　北川　民次

問3　次の記述は，世界の美術教育者について述べたものである。[　　]に当てはまる人物として最も適切なものを，以下の①～④のうちから選びなさい。

　　ボヘミアに生まれた[　　]は，ウィーンの美術アカデミーに在学中に，子どもたちの絵(落書き)から，子どもの描画活動の重要性を認識した，と伝えられている。1919年にロンドンで開催した児童画作品展の好評により，彼の指導が世界的に知られることとなった。「子どもたちをして成長せしめよ，発展させ，成熟せしめよ」は[　　]のモットーである。

① チゼック　　② ローウェンフェルド　　③ リード
④ ヴィオラ

問4　次の記述は，世界の美術教育に関する理論について述べたものである。[　　]に当てはまる語句として最も適切なものを，以下の①～④のうちから選びなさい。

　　日本の美術教育に大きな影響を与えてきたアメリカの美術教育においては，1980年代には美術の持つ学問・文化体系を重視した系統的学習として[　　]が取り組まれた。[　　]は「制作」「美術批評」「美術史」「美学」の4つの領域によるカリキュラムが特徴である。

① GCSE　　② NCLB　　③ GNH　　④ DBAE

(☆☆☆◎◎◎)

【2】感じ取ったことや考えたことを基に表現する活動について，次の各問いに答えなさい。

問1　絵の具の材料として用いられる鉱石の名前と色系の組合せとして最も適切なものを，次の①～⑧のうちから選びなさい。

	辰砂鉱	藍銅鉱	ラピスラズリ	マラカイト
①	赤系	赤系	青系	緑系
②	赤系	赤系	緑系	青系
③	赤系	青系	青系	緑系
④	赤系	青系	緑系	青系
⑤	青系	赤系	青系	緑系
⑥	青系	赤系	緑系	青系
⑦	青系	青系	青系	緑系
⑧	青系	青系	緑系	青系

問2 日本画の技法に関わる記述ア〜ウについて，その技法名との組合せとして最も適切なものを，以下の①〜⑥のうちから選びなさい。

ア 彩色や墨に濃淡をつけたり，ぼかしをいれたりすることで立体感や装飾性などを高める技法。

イ 輪郭線を墨などでひくこと。

ウ 画面に絵の具や墨を塗り，濡れているうちに他の絵の具を加え，絵の具の比重の違いを利用してにじみを得る技法。

	骨描き	隈取り	たらしこみ
①	ア	イ	ウ
②	ア	ウ	イ
③	イ	ア	ウ
④	イ	ウ	ア
⑤	ウ	ア	イ
⑥	ウ	イ	ア

問3 次の記述は，絵画の技法について述べたものであり，以下の図版はその技法を用いた作品例である。[ ]に当てはまる語句として最も適切なものを，後の①〜⑤のうちから選びなさい。

[ ]とは，煙を意味するイタリア語から派生した言葉であり，くっきりと引いた輪郭線によって形態を表すのではなく，「空中に漂う煙のように」輪郭をややあいまいにしたまま，ぼかし気味に色を使って形態を描き出す方法。レオナルド他の16世紀の画家たちが創始したといわれている。

図版

　①　エスキース　　②　スフマート　　③　グリザイユ
　④　エチュード　　⑤　ペトロル

問4　次の記述は，絵画の技法について述べたものである。[　　]に当
　てはまる語句として最も適切なものを，以下の①～④のうちから選
　びなさい。

　　印象派が用いた[　　]は，陽光の下で感じる明るくクリアな色彩
　を表現するために，原色に近い色を細かいタッチで並べる技法である。
　①　グラッシ　　②　加法混色　　③　アッサンブラージュ
　④　筆触分割

問5　次の記述は，エッチングの手順の一部について述べたものであ
　る。[　ア　]，[　イ　]，[　ウ　]に当てはまる語句の組合せとして
　最も適切なものを，以下の①～⑥のうちから選びなさい。

　1　版のふちを金工やすりで削り，[　ア　]を作る。
　2　版を磨き剤で磨く。
　3　[　イ　]を版の表面に均一に塗る。
　4　下絵を転写して，ニードル等で[　イ　]をかきとるように描く。
　5　[　ウ　]に沈めて腐食させる。

6　腐食の進行をとめる。

7　溶剤で[　イ　]を洗い落とす。

	ア	イ	ウ
①	プレートマーク	グランド	塩化第二鉄液
②	プレートマーク	塩化第二鉄液	リンシード
③	プレートマーク	リンシード	グランド
④	引き付け見当	塩化第二鉄液	リンシード
⑤	引き付け見当	リンシード	グランド
⑥	引き付け見当	グランド	塩化第二鉄液

問6　次の記述は，レディメイドに関して述べたものである。この記述に関連が深い作品として最も適切なものを，以下の図版①～⑤のうちから選びなさい。

　また，[　　]に当てはまる人物として最も適切なものを，後の人物名①～⑤のうちから選びなさい。

　世界大戦による世情の不安から，あらゆる既成の価値観を否定する芸術が生まれた。フランス出身で，ニューヨークで活躍した作家[　　]は，レディメイドという手法を創案し，便器に架空の署名を記しただけのものを「泉」と題して展覧会に出品した。

図版

① 　② 　③

④ 　　⑤

人物名

① デュシャン　　② ポロック　　③ カンディンスキー
④ ブールデル　　⑤ モンドリアン

問7　次の記述は，フォーヴィスムについて述べたものである。この記述に関連の深い作品として最も適切なものを，以下の図版①〜⑤のうちから選びなさい。

　　フォーヴィスムを直訳すると，野獣主義。1905年の「サロン・ドートンヌ」でマティスらの作品を見た評論家が，「野獣の檻にいるようだ」と批判したことから命名された。強烈な色彩が特徴といえる。

図版

①

②

③

④

⑤

(☆☆☆◎◎◎)

【3】 伝える，使うなどの目的や機能を基にして表現する活動に関して，次の各問いに答えなさい。

問1　次の記述は，伝統的工芸品について述べたものである。神奈川県の伝統的工芸品の組合せとして最も適切なものを，以下の①〜⑦のうちから選びなさい。

　　伝統的工芸品とは，国の定めた基準をクリアし，国(経済産業大臣)から指定を受けている工芸品のことである。

①	箱根寄木細工	大山こま	小田原漆器
②	横浜芝山漆器	小田原提灯	箱根寄木細工
③	鎌倉彫	箱根寄木細工	大山こま
④	大山こま	鎌倉彫	小田原漆器
⑤	小田原漆器	横浜芝山漆器	小田原提灯
⑥	鎌倉彫	小田原漆器	箱根寄木細工
⑦	小田原提灯	横浜芝山漆器	大山こま

問2　次の記述は，漆工芸と産業について述べたものである。[　　]に当てはまる地名として最も適切なものを，以下の①〜④のうちから選びなさい。

　　日本の漆器は "japan" と言われ，品質の高さから世界中で人気を博してきた。漆器の原料となる，品質のよい国産漆が減っている中，浄法寺地区([　　])では，漆掻きに力を入れ，国産漆の大半を産出

している。漆の木が育つ里山の環境と漆掻きの技術を守る漆掻き職人，漆掻き独特の道具を作る鍛冶職人，漆器の元になる木地を作る木挽き職人，そして集められた漆を巧みに使い美しい漆器を作り出す漆塗り職人など，多くの職人の技術によって伝統が受け継がれている。

① 福島県会津若松市　　② 岩手県二戸市　　③ 石川県輪島市
④ 茨城県大子町

問3　次の図版は，造花を封入した椅子である。この作品の作者として最も適切なものを，以下の人物名①～⑤のうちから選びなさい。
　　また，この作品で主に使われたプラスチックの種類として最も適切なものを，後の素材①～⑥のうちから選びなさい。

図版

人物名
① 藤森　健次　　② 柳　宗理　　③ 倉俣　史朗
④ 剣持　勇　　　⑤ 深澤　直人

素材

	プラスチック名	主な特性
①	ポリプロピレン	軽量ながら比較的強度、耐衝撃性がある。
②	塩化ビニル樹脂	硬質と軟質がある。高強度、難燃性に優れる。
③	ポリスチレン（スチロール樹脂）	高透明度。発泡加工で発泡スチロールになる。
④	メタクリル（アクリル）樹脂	高透明度、高硬度。耐候性に優れ着色も可能。
⑤	ポリカーボネート	高透明度、耐衝撃性、難燃性。
⑥	ポリエチレンテレフタレート	無色透明。耐薬品性、耐衝撃性に優れ、気体を透過させにくい。

問4　次の記述は，書体について述べたものである。この書体の名前として最も適切なものを，以下の書体名①～④のうちから選びなさい。

　また，この書体として最も適切なものを，後の図版①～④のうちから選びなさい。

　1957年にスイスのハース活字鋳造所からノイエ・ハース・グロテスクの名前で発表された。エデュアルド・ホフマンとマックス・ミーディンガーによって作られ，1960年，ドイツのステンペル社からの販売を機に「スイス」を表す言葉にちなんで改称し，機械植字に対応して世界中に普及した。文字間のスペースが狭く設定されているために効率よく文字組みができるだけでなく，拡大して使われるロゴにも多く使用され，パナソニックや，ルフトハンザ航空などの企業が採用している。

書体名

①　Times New Roman　　②　Frutiger　　③　Garamond

④　Helvetica

図版

①　ABCDEFGHIJ
KLMNOPQRS
TUVWXYZ
abcdefghijklmn
opqrstuvwxyz
0123456789

②　ABCDEFGHIJ
KLMNOPQRS
TUVWXYZ
ABCDEFGHIJ
KLMNOPQRS
TUVWXYZ
0123456789

③ ABCDEFGHIJ
KLMNOPQRS
TUVWXYZ
abcdefghijklmn
opqrstuvwxyz
0123456789

④ ABCDEFGHIJ
KLMNOPQRS
TUVWXYZ
abcdefghijklmn
opqrstuvwxyz
0123456789

問5　次の記述は，図版の映像作品について述べたものである。作者
として最も適切なものを，以下の人物名①～⑤のうちから選びなさ
い。

　時計を題材にした映像作品。1秒間に数千カットのコマ数が撮影
可能なハイスピードカメラを用いて，滑らかなスローモーションを
実現している。実際には，数字を水槽に向かって落下させているの
だが，カメラの焦点を数字の表面付近に合わせて，水槽の壁面など
が見えないように工夫している。

図版

人物名

① 岩井　俊雄　　② 佐藤　雅彦　　③ 宮島　達男

④ 中村　勇吾　　⑤ 束芋

問6　次の図版Aは，ある人物がデザインしたポスターである。同じ作
者によるデザインとして最も適切なものを，以下の図版B①～⑥の
うちから選びなさい。

図版 A

図版 B

①

②

③

④

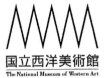

⑤

⑥

(☆☆☆☆◎◎)

【4】日本の美術について，次の各問いに答えなさい。

問1　次の記述は，7世紀に創建されたある寺院に伝わる文化財について述べたものである。[　　]に当てはまる語句として最も適切なものを，以下の語群①〜④のうちから選びなさい。

また，この寺院の伽藍配置として最も適切なものを，後の図版①〜⑤のうちから選びなさい。

推古15年(607年)に創建されたこの寺院に伝わる玉虫厨子は，須弥座の上に宮殿部を載せた形式の厨子で，宮殿部の透かし彫りの金具の下には玉虫の羽が敷きつめられていた。黒漆塗の宮殿型厨子に，顔料を油を媒材にしてもちいる[　　]と漆絵の手法を併用して絵画装飾を加えており，釈迦の前世の物語を異時同図法をもちいてたくみに描かれている。

語群

①　障壁画　　②　密陀絵　　③　研出蒔絵　　④　金銀泥絵

図版

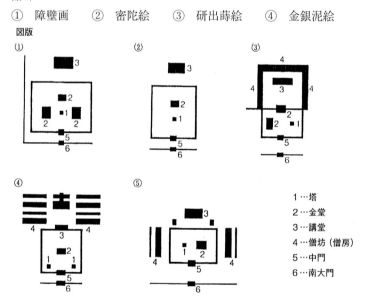

1…塔
2…金堂
3…講堂
4…僧坊（僧房）
5…中門
6…南大門

問2　日本の仏像の図版ア～オについて，制作年代順に古いものから
　並べた組合せとして最も適切なものを，以下の制作年代の組合せ①
　～⑤のうちから選びなさい。
　　また，図版オに用いられている技法として最も適切なものを，後
　の語群①～④のうちから選びなさい。

図版
ア

イ

ウ　　　　　　　エ　　　　　　　オ

制作年代の組合せ

①	エ	→	イ	→	オ	→	ウ	→	ア
②	イ	→	オ	→	ア	→	ウ	→	エ
③	オ	→	エ	→	ウ	→	イ	→	ア
④	ウ	→	オ	→	ア	→	エ	→	イ
⑤	イ	→	ウ	→	ア	→	エ	→	オ

語群

①　鋳造　　②　塑造　　③　寄木造　　④　乾漆造

問3　次の記述は，琳派について述べたものである。図版ア～カのうち，尾形光琳が制作した作品の組合せとして最も適切なものを，後の組合せA①～⑤のうちから選びなさい。

　また，図版キはある作品の裏面に描かれたものである。ある作品とその作者の組合せとして最も適切なものを，後の組合せB①～⑥のうちから選びなさい。

　琳派は俵屋宗達から尾形光琳へ，さらに江戸の酒井抱一へと，まったく師弟関係のない画家たちによって，自主的に受け継がれていった流派である。文学的な画題，絢爛たる色彩，絶妙な構図をもち，扇面や着物など工芸品も手掛けた。

図版

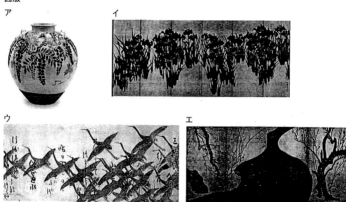

68

オ　　　　　　　カ

組合せ A

①	ア	ウ	オ
②	ア	エ	カ
③	イ	エ	オ
④	イ	ウ	エ
⑤	ア	ウ	カ

図版

キ

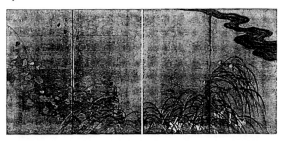

組合せ B

	作品名	作者名
①	紅白梅図屏風	俵屋　宗達
②	燕子花図屏風	俵屋　宗達
③	風神雷神図屏風	尾形　光琳
④	紅白梅図屏風	酒井　抱一
⑤	夏秋草図屏風	尾形　光琳
⑥	燕子花図屏風	酒井　抱一

問4　次の記述は，六古窯と呼ばれる窯業産地について述べたもので
　　ある。この窯業産地として適切でないものを，以下の①〜⑥のうち
　　から選びなさい。

　　　六古窯とは，古来の陶磁器窯のうち，中世から現在まで生産が続
　　く代表的な6つの産地の総称であり，陶芸家の小山冨士夫が命名し
　　た。

　　①　信楽　　　②　丹波　　　③　瀬戸　　　④　越前
　　⑤　常滑　　　⑥　益子

問5　次の記述は，ある寺院について述べたものである。この寺院と
　　して最も適切なものを，以下の図版①〜⑥のうちから選びなさい。

　　　奥州藤原氏の初代清衡が，極楽浄土への往生と平和を祈念して建
　　立した。堂の内外には金箔が押され，内部の装飾には蒔絵や螺鈿，
　　透かし彫り金具など，平安時代後期の工芸技術の粋が結集されてい
　　る。

図版
①

②

③

④

⑤    ⑥

(☆☆☆◎◎◎)

【5】 世界の美術について，次の各問いに答えなさい。

問1　次の記述と図版は，東南アジアにある，ある建築物についての
ものである。この寺院の名称と国の組合せとして最も適切なものを，
以下の①〜⑨のうちから選びなさい。

寺院全体に華麗な浮き彫りを施すが，なかでも最下の第一回廊に
表された二大叙事詩「マハーバーラタ」と「ラーマーヤナ」に基づ
く神話・伝説や，ヴィシュヌ神信仰にかかわる物語などは，この時
代における浮彫彫刻のなかでも最高傑作とされる。

図版

	名称	国
①	タージ・マハル	カンボジア
②	タージ・マハル	インドネシア
③	タージ・マハル	タイ
④	アンコール・ワット	カンボジア
⑤	アンコール・ワット	インドネシア
⑥	アンコール・ワット	タイ
⑦	ボロブドゥール	カンボジア
⑧	ボロブドゥール	インドネシア
⑨	ボロブドゥール	タイ

問2　次の図版は，イタリアのある教会の壁画である。この壁画が設置されている教会として最も適切なものを，教会①～④のうちから選びなさい。

また，この壁画の制作に用いられた技法として最も適切なものを，技法①～④のうちから選びなさい。

図版

教会
① サン・フランチェスコ大聖堂(アッシジ)
② サンタ・マリア・デッレ・グラツィエ教会(ミラノ)
③ サンタ・マリア・デル・カルミネ教会(フィレンツェ)
④ サン・ヴィターレ聖堂(ラヴェンナ)

技法
① フレスコ　② モザイク　③ 油彩　④ テンペラ

問3　次の図版ア〜カは，世界の絵画作品である。これらの作品を制
作年代順に古いものから並べた組合せとして最も適切なものを，制
作年代の組合せ①〜⑥のうちから選びなさい。
　また，図版ア〜カのうち，スペイン出身の画家の作品の組合せと
して最も適切なものを，作品の組合せ①〜⑨のうちから選びなさい。

図版

ア

イ

ウ

エ

オ

カ

制作年代の組合せ

①	オ →	エ →	カ →	イ →	ウ →	ア
②	ア →	エ →	オ →	イ →	カ →	ウ
③	イ →	オ →	エ →	ウ →	カ →	ア
④	カ →	イ →	ア →	エ →	オ →	ウ
⑤	ウ →	カ →	ア →	オ →	エ →	イ
⑥	エ →	イ →	カ →	オ →	ア →	ウ

作品の組合せ

① アエ　　② イウ　　③ ウオ　　④ エオ

⑤ オカ　　⑥ アイエ　　⑦ アエオ　　⑧ イウエ

⑨ ウオカ

問4　次の記述と図版は，ある画家についてのものである。この画家
　　名として最も適切なものを，以下の①〜④のうちから選びなさい。

　　1909年アイルランド，ダブリンに生まれる。1948年に「絵画1946」
　　がニューヨーク近代美術館に購入される。作品は，極度にデフォル
　　メされた人物像を室内に配したものが多く，表現主義的傾向が強い。

図版

① フランシス・ベーコン　　② ジャン・フォートリエ

③ ジャン・デュビュッフェ　④ ダミアン・ハースト

問5　次の図版は，ある美術家の彫刻作品である。この美術家が所属
　　していた芸術運動の説明として最も適切なものを，以下の記述①～
　　④のうちから選びなさい。

　　　また，その芸術運動の名称を，後の語群①～⑤のうちから選びな
　　さい。

図版

記述
①　第一次世界大戦中に主としてモンパルナス地区に各国から若い
　芸術家が集まった。彼らは各国からの文化や風習を持ち込み，交
　流を介してお互いに刺激しあい，競うように新しい様式を模索し
　ていった。
②　ゴーガンの強烈な指導法から誕生し，伝統的な構図から外れた
　大胆な画面構成，従来の遠近法を排した平面的な処理などを特徴
　とした。
③　19世紀末，アカデミーが主導する官展などの体制に反発し，そ
　こから脱しようとする動きが起こった。ウィーンにおいては1897
　年にグスタフ・クリムトが運動の創始者となった。
④　1910年にマリネッティに賛同したミラノの画家たちが宣言を起
　草し，テクノロジーの進歩と都市の発達を肯定し，急速に変貌す
　る都会に生きる現代人の意識を表現することを目指した。
語群
①　パリ派　　②　分離派　　③　素朴派　　④　未来派
⑤　ナビ派

(☆☆☆◎◎◎)

【中学校】

【1】「中学校学習指導要領(平成29年3月告示)　第2章　第6節　美術」について，次の各問いに答えなさい。

問1　次の記述は，「第1　目標」である。[　　]に当てはまる語句として最も適切なものを，以下の①〜⑤のうちから選びなさい。

　　　表現及び鑑賞の幅広い活動を通して，造形的な見方・考え方を働かせ，生活や社会の中の美術や美術文化と豊かに関わる資質・能力を次のとおり育成することを目指す。

　(1)　対象や事象を捉える造形的な視点について理解するとともに，表現方法を創意工夫し，創造的に表すことができるようにする。

　(2)　造形的なよさや美しさ，表現の意図と工夫，美術の働きなどについて考え，主題を生み出し豊かに発想し構想を練ったり，美術や美術文化に対する見方や感じ方を深めたりすることができるようにする。

　(3)　美術の創造活動の喜びを味わい，美術を愛好する心情を育み，感性を[　　]，心豊かな生活を創造していく態度を養い，豊かな情操を培う。

　①　深め　　②　豊かにし　　③　広げ　　④　働かせ

　⑤　理解し

問2　「第2　各学年の目標及び内容　〔第1学年〕2　内容　A　表現(1)」の記述として最も適切なものを，次の①〜④のうちから選びなさい。

　①　材料や用具の特性を生かし，意図に応じて自分の表現方法を追求して創造的に表すこと。

　②　材料や用具の特性などから制作の順序などを考えながら，見通しをもって表すこと。

　③　伝える目的や条件などを基に，伝える相手や内容などから主題を生み出し，分かりやすさと美しさなどとの調和を考え，表現の構想を練ること。

　④　使う目的や条件などを基に，使用する者の立場，社会との関わり，機知やユーモアなどから主題を生み出し，使いやすさや機能

と美しさなどとの調和を総合的に考え，表現の構想を練ること。

問3　次の記述は，「第3　指導計画の作成と内容の取扱い」の2の(1)のアである。[　1　]，[　2　]に当てはまる語句として最も適切なものを，以下の①〜⑦のうちからそれぞれ選びなさい。

　　〔共通事項〕のアの指導に当たっては，造形の要素などに着目して，次の事項を実感的に理解できるようにすること。

(ア)　色彩の色味や明るさ，鮮やかさを捉えること。

(イ)　材料の性質や質感を捉えること。

(ウ)　形や色彩，材料，光などから感じる優しさや楽しさ，寂しさなどを捉えること。

(エ)　形や色彩などの[　1　]による構成の美しさを捉えること。

(オ)　[　2　]の効果，立体感や遠近感，量感や動勢などを捉えること。

① 要素　　　　② 組合せ　　　③ 形式

④ 作風や様式　⑤ 余白や空間　⑥ 材料や技法

⑦ 感情や心情

(☆☆☆◎◎◎)

【高等学校】

【1】「高等学校学習指導要領(平成30年3月告示)　第2章　各学科に共通する各教科　第7節　芸術　第2款　各科目」について，次の各問いに答えなさい。

問1　次の記述は，「第4　美術Ⅰ　1　目標」である。[　1　]，[　2　]に当てはまる語句として最も適切なものを，以下の①〜⑤のうちからそれぞれ選びなさい。

　　美術の幅広い創造活動を通して，造形的な見方・考え方を働かせ，美的体験を重ね，生活や社会の中の美術や美術文化と幅広く関わる資質・能力を次のとおり育成することを目指す。

(1)　対象や事象を捉える造形的な視点について理解を深めるとともに，意図に応じて表現方法を創意工夫し，創造的に表すことができるようにする。

79

(2)　造形的なよさや美しさ，表現の意図と創意工夫，美術の働きな
どについて考え，主題を生成し創造的に発想し構想を練ったり，
価値意識をもって美術や美術文化に対する見方や感じ方を[　1　]
たりすることができるようにする。

(3)　主体的に美術の幅広い創造活動に取り組み，生涯にわたり美術
を愛好する心情を育むとともに，感性を[　2　]，美術文化に親し
み，心豊かな生活や社会を創造していく態度を養う。

①　広げ　　②　深め　　③　高め　　④　働かせ　　⑤　理解し

問2　次の記述は，「第4　美術Ⅰ　2　内容　A　表現(3)」である。
[　]に当てはまる語句として最も適切なものを，以下の①〜⑤の
うちから選びなさい。

(3)　映像メディア表現
映像メディア表現に関する次の事項を身に付けることができる
よう指導する。
ア　映像メディアの特性を踏まえた発想や構想
(ア)　感じ取ったことや考えたこと，目的や機能などを基に，
映像メディアの特性を生かして主題を生成すること。
(イ)　[　]，動きなどの映像表現の視覚的な要素の働きにつ
いて考え，創造的な表現の構想を練ること。

①　目的や条件　　②　色光や視点　　③　形体や色彩
④　機能や効果　　⑤　余白や空間

問3　次の記述は，「第4　美術Ⅰ　3　内容の取扱い(6)」である。
[　]に当てはまる語句として最も適切なものを，以下の①〜⑤の
うちから選びなさい。

(6)　内容の「A表現」の指導に当たっては，主題の生成から表現の
確認及び完成に至る全過程を通して，自分の[　]を発見し喜び
を味わい，自己実現を果たしていく態度の形成を図るよう配慮す
るものとする。

①　好み　　②　課題　　③　感性　　④　目的　　⑤　よさ

(☆☆☆◎◎◎)

80

解答・解説

【中高共通】

【1】問1　③　　問2　②　　問3　①　　問4　④

〈解説〉問1　明治初期に誕生した初の教科書『西画指南』は，主として英人ロベルト・スコットボルンの著書を翻訳したもの。西欧の指導法が導入され，日本の美術教育に大きな影響を与えた。訳者の川上寛は，江戸幕府の図画取調役に任じられたことで西洋画法を研究。明治維新後に働きながら洋画塾を開き，高橋由一や小山正太郎ら後進を指導した。近代洋画の先駆者として知られる。　問2　川喜田煉七郎は昭和5年にウクライナのハリコフ劇場建築国際設計コンペに入選し，注目された建築家。昭和7年に建築工芸研究所を開き，ドイツ・バウハウス流の構成教育を行った。その後，昭和9年に設問の『構成教育体系』を著し，尋常小学校教員であった武井勝雄と共に構成教育運動を広め，学校への普及に務めた。なお，武井勝雄は『美術による人間形成』(ローウェンフェルド著)の共訳や『バウハウス・システムによるデザイン教育入門』などの著書もある。　問3　フランツ・チゼック(1865〜1946年)は美術教育の父，創造主義教育のパイオニアとも呼ばれる。それまで主流であった幾何画・臨画(模写)的図画教育に対し，子ども独自の自己表現と創造性を認め，自由に表現できる児童のための美術教室を作った。　問4　「DBAE」(Discipline-Based Art Education＝学問分野に基づいた美術教育)」は，1980年代にアメリカで誕生した美術教育の方法論であり，エリオット・アイスナー(1933〜2014年)がその研究を精力的に主導した。それまで行われていた制作活動を中心とする美術教育に対し，学問分野として4つの専門性(美学・美術批評・美術史・制作)を取り入れた。これにより今日の鑑賞教育につながる流れを生み出したともいわれている。

【2】問1　③　　問2　③　　問3　②　　問4　④　　問5　①

　　問6　図版…③　　　人物名…①　　　問7　⑤

〈解説〉問1　天然顔料に関する出題である。「辰砂鉱」は水銀と硫黄の化
　合物(赤色)，「藍銅鉱」(アズライト)は銅鉱石が風化してできる鉱物(青
　色)，「ラピスラズリ」は数種の鉱物の混合物(群青)，「マカライト」(孔
　雀石)は藍銅鉱と同じ銅鉱石の一種(緑色)。このほかには鉄の酸化鉱物
　である黄土色の「褐鉄鉱」(リモナイト)などがある。なお，今日のほ
　とんどの絵の具には合成顔料が使われている。　　問2　過去には作品
　図版と技法を結び付ける出題もあったので，それぞれの技法を用いた
　代表作品と比較しながら学習しておきたい。この他の技法としては
　「截金」，「吹抜屋台」，「白描」，「骨法」，「朦朧体」がある。　　問3　図
　版はレオナルド・ダ・ヴィンチの名作「モナリザ」である。「スフマ
　ート」＝「モナリザ」と覚えておきたい。なお，ダ・ヴィンチの完成
　品としての遺作「洗礼者聖ヨハネ」はこの技法が最高潮に達した頃の
　作品である。ともにパリのルーブル美術館に所蔵される。　　問4　筆
　触分割とは，イメージした色を混色して作るのではなく，ひとつひと
　つの筆触を隣り合うように配置する技法。隣接する異なった色が網膜
　上で擬似的に混ざり，別の一つの色のように見せる。主にクロード・
　モネら印象主義の画家たちが用いた。色彩分割，視覚混合ともいう。
　問5　版画の手順に関する頻出問題。今回はエッチングについて問わ
　れた。　　ア　「プレートマーク」とは，版(プレート)の上から圧力をか
　けて刷り上げる際に，画面の四方に残された版の縁の跡(マーク)のこ
　とをいう。凸版画の特徴とされる。　　イ　「グランド」(防蝕剤)とは腐
　蝕を防ぐ膜をつくるエッチングの材料で，アスファルト，蜜ロウ，松
　脂を混合して作られる。　　ウ　「塩化第二鉄液」は有毒ガスが発生しな
　い腐蝕液である。版画の技法は例年必ず問われるので，特徴，手順，
　道具，材料，作品について，版種を混同せず学習しておこう。
　問6　デュシャン(1887〜1968年)は元々画家であったが関心を失い渡
　米。「アンデパンダン」を組織し，「レディ・メイド」と題した既製品
　をそのまま，または量産品に署名するだけの作品を発表。物議をかも
　した。それまで主流であった，目で見る快楽としての美術を「網膜的」

と批判し，思考することを楽しむ芸術を提唱した。アイデアやコンセプトを主な構成要素とするコンセプチャル・アートの創始者とされる。主な代表作は「泉」，「自転車の車輪」，「L.H.O.O.G.」，「彼女の独身者たちによって裸にされた花嫁，さえも」(大ガラス)など。20世紀美術に大きな影響を与えた重要人物の一人である。図版①はロバート・インディアナ「LOVE」，②は関根伸夫「位相—大地」，③はマルセル・デュシャン「ボトルラック」，④は草間彌生「南瓜」，⑤はアニッシュ・カプーア「クラウド・ゲート」である。　問7　①は青木繁「海の幸」，②は白髪一雄「黄帝」，③はポール・ゴーギャン「我々はどこから来たのか 我々は何者か 我々はどこへ行くのか」，④はポール・セザンヌ「大水浴図」，⑤はアンリ・マティス「緑の筋のあるマティス夫人」である。マティス(1869～1954年)は，激しい原色を多用した色彩や荒々しく大胆なタッチの作品を発表し，フォーヴ(野獣)と呼ばれる活動の先駆者となった。代表作は「帽子の女」，「ダンス」，「音楽」，「赤いハーモニー」，「大きな赤い室内」，「ドミニコ会修道院ロザリオ礼拝堂」の内装デザインなどがある。

【3】問1　⑥　　問2　②　　問3　人物名…③　　素材…④
　問4　書体名…④　　図版…③　　問5　④　　問6　①
〈解説〉問1　表内の選択肢に記載される工芸品は，すべて神奈川県の工芸品として古くから大切に作られ，人々に愛されてきた品々である。その中で伝統的工芸品として指定されているのは鎌倉彫，小田原漆器，箱根寄木細工の3つ。さらに東京都などと共同で指定される江戸押絵もある。「伝統的工芸品」の認定は日々更新されているため，公式ホームページなどで最新情報のチェックをしておくとよいだろう。
　問2　「浄法寺漆」は岩手県二戸市を中心に生産される国産漆である。現在，日本で流通する漆の約97％は中国やアジアのものとされるが，国内シェアはこの地区の漆がトップである。文化庁は平成30年度より国宝・重要文化財建造物の保存修理における漆の使用について，国産を原則とすることと決定し，日光東照宮の大修復などにも「浄法寺漆」

が使われている。なお，①(会津漆器)，③(輪島塗)も伝統的な漆工芸の産地として，④(大子漆)は国産漆の産地として知られている。

問3　図版は倉俣史朗(1934～91年)の代表作「ミス・ブランチ」(1988年)である。図版では分かりにくいが，透明なアクリル樹脂の中に，赤いバラの造花を流し込む方法で制作されている。ほぼ手作りのため56脚しか生産されていない。倉俣はエキセントリックなデザインを次々に発表し，その独創性で「クラマタ・ショック」と世界を驚かせた人物である。なお，藤森健次は日本を代表する座椅子のデザイナーである。柳宗理は20世紀に活躍したインダストリアルデザイナーで，代表作の一つに「バタフライスツール」がある。剣持勇は戦後日本のデザインを海外に発信したインテリアデザイナーで，代表作に「スタッキングスツール」がある。深澤直人は国内外で活躍中のプロダクトデザイナーで，グッドデザイン賞審査委員長も務めている。椅子の代表作としては「『マルニ木工』HIROSHIMAアームチェア」がある。

問4　「Helvetica」は，欧文フォントの定番中の定番と言われ，最も使用されている書体の一つ。簡素で落ち着いた書体でありながら力強さがあり，幅広い汎用性があるといった特徴がある。「Times New Roman」は，イギリスの新聞のタイムズで使われた新聞用のフォントが元になっている。半角英数専用のフォントであるため，全角の文字には使うことができない。「Frutiger」は，機能を重視し，無駄な装飾を排したサンセリフ体の書体。元々パリのシャルル・ド・ゴール空港のサインシステム用に作られた。視認性の高い定番欧文フォントとして，看板やディスプレイ，本文テキストまで幅広く使われる。「Garamond」は，16世紀にフランス人の活字鋳造業者，クロード・ギャラモンが製造した活字がオールド・ローマンの代名詞のようにいわれたことをきっかけに，各地の活字鋳造所でこの活字が制作された。ラテン文字の活字書体でセリフ体に属する。　問5　図版の作品は，時計スクリーンセーバー「Drop Clock」(2008年)。フォント「Helvetica」を水中に落として落下していく瞬間を超スローモーション撮影し，制作した。中村勇吾はKDDIスマートフォン端末「INFOBAR」のUIデザイン，NHK教育

番組「デザインあ」のディレクション等でも知られる。岩井俊雄はメディアアートの第一人者であり，人気絵本『100かいだてのいえ』の作者でもある。宮島達男はLEDを使った作品で知られる現代美術家。束芋は現代美術作家。日本の社会をテーマにユーモラスな映像作品，アニメーションなどを発表している。　問6　図版Aのポスターは「Nihon Buyo」(1981年)で，米国の大学で開催された日本舞踏公演のポスターである。作者の田中一光は，戦後日本を代表するグラフィックデザイナー，アートディレクターの一人。琳派に大きな影響を受け，20世紀のデザイン界へ継承したと言われている。日本的な色彩や質感，構成をモダンデザインに昇華させ，大胆かつ気品ある作風で世界的な称賛を受けた。田中一光の作品としては図版Bの①「ギンザグラフィックギャラリー」(1986年)のロゴデザインがあり，ほかにも「科学万博－つくば」，「無印良品」，「LOFT」のロゴデザイン，「ヒロシマ・アピールズ」ポスターなどがある。なお，②は「金沢21世紀美術館」で佐藤卓，③は「東京国立近代美術館」で平野敬子，④は「国立西洋美術館」で松永真，⑤は「東京都現代美術館」で仲條正義，⑥は「江戸東京博物館」で佐藤晃一の作品である。

【4】問1　語群…②　　図版…⑤　　問2　制作年代の組合せ…②　　語群…②　　問3　組合せA…③　　組合せB…③　　問4　⑥　問5　②

〈解説〉問1　「蜜陀絵」は中国から伝来し，日本の古代絵画などに用いられた技法。密陀僧(一酸化鉛)を用いて描かれた一種の油絵とされる。「玉虫厨子」は，仏像などを収納する仏具の「機能」に，木工芸，金属工芸，漆工芸，蜜陀絵などの「美」が加わった至極の工芸作品といえる。なお，伽藍配置とは，寺院における堂塔の配置形式。寺院の名を冠して呼ばれ，代表的なものに法隆寺式，飛鳥寺式，四天王寺式，薬師寺式，東大寺式などがある。　問2　イは法隆寺本尊・釈迦三尊像(623年)。聖徳太子を弔うため，鞍作止利(止利仏師)によって作られたと伝えられる。アルカイックスマイルを口もとに浮かべる。オは東

大寺戒壇院・広目天(8世紀中頃)である。国宝「四天王立像」の中の一つで，天平彫刻の最高峰とされる。作者は不明だが，精巧で美しい「塑像」で作られ，日本にある四天王像では頂点と評される。アは平等院鳳凰堂・雲中供養菩薩像(1053年)である。本尊である阿弥陀如来坐像を囲む壁面に懸け並べられた52もの数になる菩薩像(国宝)の中の一つである。定朝の工房で制作された。各像はいずれも雲に乗り，楽器を演奏したり，舞を舞ったり，合掌するなど変化に跳んだ愛らしい姿を見せる。ウは東大寺・南大門金剛力士(仁王)像の阿形像(1203年)。運慶や快慶，さらには定覚や湛慶ら仏師の手によって，わずか69日間で作られたと言われる。檜の寄木造で，高さ8.4m弱の巨大像である。南大門の正面から見て門の左側には口を開けた阿形像，右側には口を結んだ吽形像が安置される。エは飛騨千光寺・両面宿儺坐像(江戸時代)である。宿儺は仁徳天皇代の飛騨の豪族で千光寺の開祖。64年の生涯で12万体あまりの仏像を作った円空の作品である。　問3　図版イは「燕子花図屏風」(江戸時代／18世紀初頭)で，日本絵画史における代表的な傑作の一つ。紙本金地著色(着色)にて金箔地に青や緑色を使って描かれ，大胆に単純化されたリズム感ある表現が特徴である。エは「紅白梅図屏風」(1710年代)。江戸時代中期に活躍した光琳が晩年に手がけた傑作。二曲一双の金地を背景に白梅と紅梅を対峙させ，図案化した梅花や水流を配し，装飾的な画面をつくりあげている。オは，漆塗りの蒔絵技法を用いた硯箱「八橋蒔絵螺鈿硯箱」(江戸時代)である。伊勢物語の中の有名な歌の情景を描いた作品で，表面及び側面に八橋と燕子花が大胆にデザインされている。なお，アは江戸時代を代表する陶工，野々村仁清の「色絵藤花茶壺」。ウは俵屋宗達(絵)と本阿弥光悦(書)の共作「鶴下絵三十六歌仙和歌巻」。カは長谷川等伯の金碧障壁画「楓図」である。キは酒井抱一の「夏秋草図屏風」(江戸時代／1821－1822年)。光琳の名作「風神雷神図屏風」の背面に，後から描き入れた作品として知られる。現在はそれぞれを分け，屏風の形にして保存される。「琳派」についての出題は全国的に非常に高く，作家や作品だけでなく，技法や作風，作家間のつながりや影響に至るまで，

そのすべてを網羅しておきたい。 問4 「六古窯」は，その名の通り6つの古くからある窯(陶芸を焼く装置や設備)を指す。①「信楽」は滋賀県甲賀市，②「丹波」は兵庫県丹波篠山市，③「瀬戸」は愛知県瀬戸市，④「越前」は福井県丹生郡越前町，⑤「常滑」は愛知県常滑市。選択肢にはないが6つ目の窯は岡山県備前市の「備前」である。
⑥ 「益子」は江戸時代に栃木県芳賀郡益子周辺で始まったとされる陶器の産地。陶芸家の濱田庄司やイギリスの陶芸家バーナード・リーチなどの普及活動，民藝運動でも知られ，歴史もある窯だが，「六古窯」には含まれない。 問5 正答の②は岩手県平泉の中尊寺金色堂(1124年)である。なお，①は平等院鳳凰堂，③は鹿苑寺(金閣寺)，④は建長寺山門(三門)，⑤は慈照寺(銀閣寺)，⑥は日光東照宮陽明門である。

【5】問1 ④ 問2 教会…④ 技法…② 問3 制作年代の組合せ…⑥ 作品の組合せ…② 問4 ① 問5 記述…④ 語群…④

〈解説〉問1 図版はカンボジアのアンコール・ワットである。なお，出題傾向として宗教・民族対立による破壊や大火災による焼失があった場合，取り上げられる可能性がある。そういった意味でもニュースなどに耳を傾けておくべきだろう。 問2 図版はイタリア・ラヴェンナのサン・ヴィターレ聖堂(6世紀前半)にある，ユスティニアヌス帝と随臣をテーマにしたモザイク壁画である。古代ローマ時代から中世初期にかけて栄えた古都には，精巧なモザイク画に飾られた世界遺産「初期キリスト教建築物群」があり，その中にある8つの建物の一つがサン・ヴィターレ聖堂である。ビザンチン帝国の黄金期に建てられ，きらびやかに輝く圧倒的な数のモザイク装飾を見ることができる。モザイクは，色を分けた鉱石や貝殻のかけらなどの角片を埋め込んでいく技法で，そのかけらが小さければ小さいほど精巧な表現が可能となる。 問3 エはマザッチオ(イタリア)の「貢ぎの銭」(1420年代)→イはベラスケス(スペイン)の「ラス・メニーナス(女官たち)」(1656年)→カはフラゴナール(フランス)の「ぶらんこ(The swing)」(1768年頃)→オ

はドラクロワ(フランス)の「サルダナパールの死」(1827年)→アはミレー(フランス)の「落穂拾い」(1857年)→ウはピカソ(スペイン)の「アヴィニヨンの娘たち」(1907年)である。　問4　図版はフランシス・ベーコンの「絵画1946」である。ベーコンは人間の本質を追究し,「神経組織を攻撃する」作品を生み出そうとした。特徴的なゆがみや,激しく大胆な筆致,生々しい表現などで,見る者の感覚を揺さぶるような作風で知られる。なお,ジャン・フォートリエはフランスの画家・彫刻家で,第二次世界大戦後の抽象芸術において先駆的な存在であり,抽象表現主義(タシンム)を語るうえで欠かせない芸術家の一人である。ジャン・デュビュッフェはフランスの画家で,抽象絵画の動向の一つ「アンフォルメル」の代表的な作家の一人に数えられる。砂やタールなどを混合し厚い油絵具を使った表現が特徴的。また,現在,世界で関心を集めている「アール・ブリュット」(アウトサイダーアート)の協会設立メンバーとして,作り手にも光を当て,膨大な数の作品を収集したことでも知られる。ダミアン・ハーストはイギリスの現代美術家で,彫刻,インスタレーション,絵画,ドローイングといった創作活動において,生と死,過剰さ,儚さといったテーマを探求。死んだ動物をホルムアルデヒドで保存したシリーズで知られ,美術界で議論を巻き起こした。　問5　図版の彫刻は未来派の主要メンバーであったウンベルト・ボッチョーニ「空間における連続性の唯一の形態」(1913年)である。未来派の宣言では過去の具象美術の伝統から自由となり,同時代のダイナミックで発展し続ける社会へ進んで行くことが芸術家の目標であるとした。

【中学校】

【１】問1　②　　問2　③　　問3　1　②　　2　⑤

〈解説〉問1　今回の学習指導要領改訂では,各教科の基本方針として,育成することを目指す資質・能力を,3つの柱に分けて整理している。(1)「知識および技能」,(2)「思考力,判断力,表現力等」,(3)「学びに向かう力,人間性等」である。この目標に対応し,中学校美術の学

習指導要領解説では「(1)「知識及び技能」については、造形的な視点を豊かにするために必要な知識と、表現における創造的に表す技能に関するもの。(2)「思考力，判断力，表現力等」については、表現における発想や構想と、鑑賞における見方や感じ方などに関するもの。(3)「学びに向かう力，人間性等」については、学習に主体的に取り組む態度や美術を愛好する心情，豊かな感性や情操などに関するもの」と結び付けて説明している。大前提として、「美術は何を学ぶ教科なのか」ということを明示し、これらの(1)，(2)，(3)を相互に関連させながら育成できるよう目標を示している。生徒が美術を学び，感性を豊かにする学習であることを実感できるような授業を目指していきたい。　問2　肢③は第1学年の「A表現」(1)イの(イ)である。まず、今回の設問のように、「A表現」を問われた場合、アは主に絵画や彫刻など、イはデザインや工芸などの分野を指すことがすぐ分かるようにしておきたい。③のデザイン・工芸などの表現では、美しさにプラスして、「目的」や「機能」や「条件」が加わる。自分の着想や表現も取り入れつつ、使う相手や社会の目的などに寄り添い、「何かのために」，「誰かのために」といった視点が必要である。アの絵画や彫刻についての記述には、「目的」や「条件」や「機能」などの文言が入らないと覚えておきたい。なお、①は第2〜3学年「A表現」(2)アの(ア)，②は第1学年「A表現」(2)アの(イ)，④は第2〜3学年「A表現」(1)イの(ウ)である。　問3　学習指導要領解説では、「指導計画の作成と内容の取扱い」の〔共通事項〕(ア)〜(オ)の各項目について、「実感」を伴いながら理解することが大切であるとしている。また、(エ)について、「リズムやリピテーションなどによる構成が単に類型的な狭い扱いにならないよう、動きや躍動感を実感的に捉え、試したり、組合せを楽しんだりする中で造形的な視点を豊かに育てていくことが大切である」と具体例をあげている。一方、(オ)については「背景に何も描かれていない作品を見たときに、余白の効果という視点をもつことで、それまで感じていなかった作品のよさに気付くことがある」という例をあげて説明している。

【高等学校】

【１】問1　1　②　　2　③　　問2　②　　問3　⑤

〈解説〉問1　今回の学習指導要領改訂では，生活や社会の中の美術や美術文化と幅広く関わることができる生徒の姿を念頭に置いて，育成を目指す資質・能力を示し，3つの柱に分けて整理しており，(1)「知識および技能」，(2)「思考力，判断力，表現力等」，(3)「学びに向かう力，人間性等」で構成されている。問題の(1)〜(3)の文言は，これらの3つの柱を具体的に示す内容となっているので十分に学習すること。

問2　学習指導要領解説では，設問の(3)映像メディア表現，アの(イ)について，「色光や視点，動きなどの映像表現の視覚的な要素の働きについて考えとは，主題を表現するために，色光や視点，構図，動きなどの映像表現における視覚的な要素について理解し，その働きについて考え，表現効果や伝達効果を工夫することである」と説明している。また，その具体例として，「写真や動画の表現では，光を捉える方向や光の量によって発色や立体感，質感などが変わることや，カメラアングルやカメラポジション，フレーミングの違いによる表現効果を理解し，表現を構想する際に役立てることが大切」とし，「アニメーションの表現では，キャラクターの画面の中での大きさや動かし方，場面のつなげ方などによる表現効果などを考えることが大切である」と解説している。　問3　問題の記述について，学習指導要領解説では「発想から完成に至るまでの全過程を通して，主体的に目標を設定し，創意工夫しながら個性を発揮して創造活動に取り組み，自己決定を積み重ねながら理想を目指して自己実現を果たしていく態度の形成を図るよう配慮していくことが大切である。また，それぞれの過程で一人一人の創造的な構想や表現のよさを多様な方法で評価することによって主体的な表現への意欲を高めることも大切である。そして，それらの全過程を通して，生徒が自分のよさを発見し創造活動の喜びを味わえるようにしていくことが大切である」と説明している。

2022年度　実施問題

【中高共通】

【1】美術教育について，次の各問いに答えなさい。

問1　次の記述は，日本の美術教育について述べたものである。[　　]に当てはまる人物として最も適切なものを，以下の①～⑤のうちから選びなさい。

　[　　]は，自分の子どもへの図画教育の経験に基づいて，『図画教育論』を著した。この本の中で彼は，図画教育の第一の目的は必ずしも美術や絵を教えることではなく，美術や絵によって真の徳育を施そうとすることにあると述べた。自由画法(写生，想像または記憶画)，見学法，手法教授，装飾法の4つの教授方法論を提示している。

①　山本　鼎　　　　　②　岸田　劉生　　③　岡倉　天心
④　川上　寛(川上　冬崖)　　⑤　小山　正太郎

問2　次の図版と記述は，バウハウスに関するものである。[　　]に当てはまる人物として最も適切なものを，後の①～⑤のうちから選びなさい。

　バウハウスは1919年にグロピウスが創設した造形専門学校で，その特徴の一つは教育課程である。基礎造形教育は[　　]の提案によって設置され，最初は「予備課程」と，後に「基礎課程」と呼ばれ

た。[　　]のほかに担当者は，モホリ＝ナギ，アルベルス，カンディ
ンスキー，クレーなどがいた。

① イッテン　　② シュタイナー　　③ モリス

④ ギマール　　⑤ ラスキン

問3　次の記述は，世界の美術教育について述べたものである。[　　]
に当てはまる人物として最も適切なものを，以下の人物①～⑤のう
ちから選びなさい。

　また，この記述及び図版と関係が深い書籍として最も適切なもの
を，後の書籍①～⑤のうちから選びなさい。

　[　　]は，世界各国から100万枚の児童画を収集し，幼児期の描画
を分析した。こうした大規模な分析により，児童の描く形体には，
どの民族にも共通して見られる発達順序が認められるとした。

図版

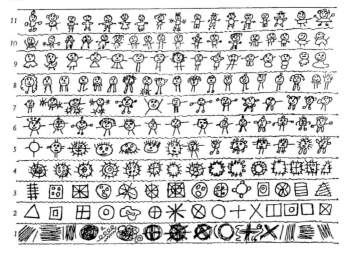

人物

① チゼック　　② アルンハイム　　③ サリー

④ クック　　⑤ ケロッグ

書籍

① 児童期の研究　　② 芸術家としての子供達

③　児童画の発達過程　　④　子どもの絵

⑤　最初の線描から8歳の色彩画に至るまでの児童画

(☆☆☆◎◎◎)

【2】感じ取ったことや考えたことを基にして表現する活動に関して，次の各問いに答えなさい。

問1　水彩絵の具に関する記述として適切ではないものを，次の①～④のうちから選びなさい。

①　水彩絵の具は顔料とアラビアゴム，グリセリン等を主な原材料としている。

②　透明水彩は展色剤の割合が不透明水彩よりも低くなっている。

③　重色とは重ね塗りのことである。

④　ドライブラシとは筆のかすれたタッチを生かした表現のことである。

問2　次の記述と図版は，球体の素描(デッサン)に関するものである。[　ア　]～[　エ　]に当てはまる語句の組合せとして最も適切なものを，後の組合せ①～⑧のうちから選びなさい。

　球体の立体感を表現するためには，球面にできる[　ア　]をよく観察して描く必要がある。球の底の部分は床面からの[　イ　]で明るくなる。[　イ　]を描くと立体感がより良く表現できる。床面にできるのは[　ウ　]である。

　また，鉛筆で描く場合，指先やガーゼでこすってなじませる方法や，線を平行に引いたり交差させたりして表現する[　エ　]など，さまざま表現方法がある。

図版

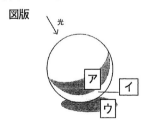

組合せ

	ア	イ	ウ	エ
①	影	逆光	陰	エッチング
②	陰	反射光	陽	ハッチング
③	影	逆光	陰	スクラッチ
④	陽	逆光	陰	スクラッチ
⑤	陰	反射光	影	ハッチング
⑥	陰	反射光	影	エッチング
⑦	影	逆光	陽	ハッチング
⑧	陽	反射光	陰	スクラッチ

問3　次の図版は，<u>1960 年代後半における，美術を美術として成立させるものは何かという考え方のもと，平面か立体かを問わず，用いる色彩や形体の種類を極力少なくした表現</u>に基づいた代表的な作品である。この作品の作者として最も適切なものを，以下の人物①〜④のうちから選びなさい。

　　また，下線部のような美術表現の名称として最も適切なものを，後の語句①〜④のうちから選びなさい。

図版

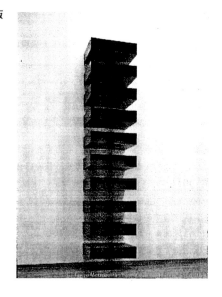

人物

① フランク・ステラ　　　② ドナルド・ジャッド

③ ロイ・リクテンスタイン　　④ ジャクソン・ポロック

語句

① ミニマル・アート　　② メディア・アート

③ 抽象表現主義　　　④ ポップ・アート

問4　木版画に関する記述として最も適切なものを，次の①〜④のうちから選びなさい。

① 彫る版木には柔らかく彫りやすいサクラや，硬く細かい表現ができるホオ，カツラ，シナなどが使われる。

② 彫刻刀は主に切り出し，平刀，三角刀，丸刀の4種類がある。平刀は広い面を彫ることができ，刃をねかせて，ぼかしの表現もできる。

③ 多色刷りの際，かすれをなくすために，かぎ見当と引きつけ見当をつくると良い。

④ 広い面を刷る際，バレンは紙の外側から中心に向かって円を描くように動かすと良い。

問5　次の記述は，カメラや写真撮影について述べたものである。[　]に当てはまる語句として最も適切なものを，以下の①〜④のうちから選びなさい。

写真撮影において，取り込む光の量のことを露出と言います。露出はレンズの[　]とシャッタースピードの組み合わせで調節します。[　]値が大きいと画面全体にピントが合うようになります。

一方，[　]値が小さくなるとピントの合う範囲は狭まります。

① マクロ　　② 広角　　③ 絞り　　④ ISO

問6　銅版画に関する記述として適切ではないものを，次の①〜④のうちから選びなさい。

① 銅版画はよく磨いた銅の板に凹んだ溝や傷を作り，その中にインクを詰めプレス機で圧力をかけて印刷する。

② 銅板を直接彫ったりひっかいたりする方法は直接法といい，ド

　ライポイントやエングレーヴィング，メゾチントなどがそれにあたる。
③　エッチングでは腐食液(塩化第二鉄水溶液)に版を入れる時は，描画した面を上向きにして，静かに入れる。
④　銅版画を刷る際は，紙は湿らせておく。

問7　次の記述は，コンスタンティン・ブランクーシの彫刻の考え方について述べたものである。図版ア〜カの中から，この人物の作品の組合せとして最も適切なものを，後の組合せ①〜⑨のうちから選びなさい。

　「事物のリアルな感覚に接近してゆくと，知らず知らずのうちに単純さに到達する。」彼にとって彫刻とは目に見えるものの細部の再現ではなく，ものの形の本質を彫り起こすことであった。

図版

ア

イ

ウ

エ

オ
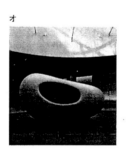

カ

組合せ
①　ア，イ　　②　ア，エ　　③　イ，エ　　④　ウ，カ

⑤　エ，カ　　⑥　イ，カ　　⑦　エ，オ　　⑧　ア，オ
⑨　ウ，オ

(☆☆☆◎◎◎)

【3】伝える，使うなどの目的や機能を基にして表現する活動に関して，
次の各問いに答えなさい。

問1　次の図版は，ある書体の部分を組み合わせて構成した図案であ
る。ここで使われている書体の特徴として適切ではないものを，以
下の①～⑤のうちから選びなさい。

図版

①　横の線が細く，縦の線が太い，読みやすさを優先したデザイン
だ。
②　横の線の右端に「うろこ」をつけるのが特徴だ。
③　明治時代にサンセリフ体というアルファベットの書体を参考に
して作られた。
④　中国の明の時代に様式化された書体だ。
⑤　はねやはらいが，筆で書いた感じを様式化した書体だ。

問2　次の記述は，カラー印刷の仕組みについて述べたものである。
[　1　]，[　2　]に当てはまる語句として最も適切なものを，以下
の①～⑥のうちからそれぞれ選びなさい。

　写真を一般的な方法でカラー印刷する場合は，写真をシアン，マゼンタ，イエロー，ブラックの4色の版に分解する。それぞれの色の版を作成し，順に刷ることで，写真の色彩を再現することができる。それぞれの版は[　1　]と呼ばれる小さな点の粗密で色の濃さを調整して図を表す。[　1　]が重なっている部分では減法混色が，隣り合う[　1　]同士では[　2　]が生じている。

① 色点　　　② 網点　　③ 小点　　④ 並置混色

⑤ 回転混色　　⑥ 補色混色

問3　次の記述は，図版の建築について述べたものである。この建築の作者として最も適切なものを，後の①～⑥のうちから選びなさい。

　大きな地震で崩壊した，街のシンボルであり，心のよりどころであった教会の代わりに，調達しやすく，コストの安い再生紙を使った紙管を利用してつくられた仮設の教会は，多くの人に勇気や希望を与えている。

図版

① 安藤　忠雄　　② 伊東　豊雄　　③ 内藤　廣

④ 坂　茂　　　⑤ 藤森　照信　　⑥ 隈　研吾

問4　次の記述は，図版のプロダクトデザインについて述べたものである。この作品名として最も適切なものを，後の①～⑤のうちから選びなさい。

　あぐらがかける大きなだ円形の座面と，座面の高さが低いこの椅子は，畳の上に置いても足が太く畳を傷めない。日本のリラックスを形にした椅子である。

図版

① アーロンチェア　② LC4シェーズロング
③ エッグチェア　　④ スポークチェア
⑤ ロースツール

問5　次の記述は，図版のポスターについて述べたものである。この
　図版のポスターの作者として[　　]に当てはまる最も適切なものを，
　後の人物①〜⑥のうちから選びなさい。

　　また，図版の作者と同じ作者の作品として最も適切なものを，後
　の作品①〜⑥のうちから選びなさい。

　　弾が逆を向いた明快な構図の反戦ポスター。何日間もポスターの
　アイデアを考えていた[　　]は，爆撃機が爆弾を投下するスケッチ
　を偶然にも逆さまに見たことで，このアイデアがひらめいたという。

図版

人物

① 田中　一光　　② 亀倉　雄策　　③ 粟津　潔

④ 福田　繁雄　　⑤ 青葉　益輝　　⑥ 永井　一正

作品

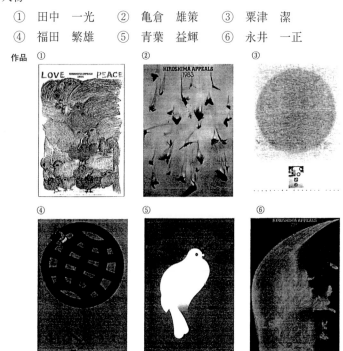

問6　次の図版ア〜カは，様々な文様を表したものである。この図版
　　と文様名の組合せとして最も適切なものを，以下の組合せ①〜⑧の
　　うちから選びなさい。

図版

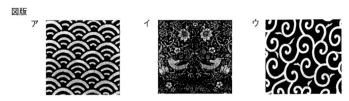

エ 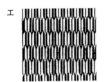 オ  カ

組合せ

	ア	イ	ウ	エ	オ	カ
①	青海波	矢絣	唐草	いちご泥棒	七宝	網干
②	網干	唐草	青海波	七宝	いちご泥棒	矢絣
③	いちご泥棒	網干	七宝	唐草	矢絣	青海波
④	唐草	いちご泥棒	青海波	網干	矢絣	七宝
⑤	矢絣	七宝	網干	青海波	いちご泥棒	唐草
⑥	青海波	いちご泥棒	唐草	矢絣	七宝	網干
⑦	七宝	青海波	唐草	いちご泥棒	網干	矢絣
⑧	青海波	唐草	網干	矢絣	七宝	いちご泥棒

(☆☆☆◎◎◎)

【4】日本の美術について，次の各問いに答えなさい。

問1　次の図版A，Bと記述は，仏像に関するものである。[　ア　]，
[　イ　]に当てはまる語句の組合せとして最も適切なものを，後の
組合せ①〜⑧のうちから選びなさい。

図版A　　　　　　図版B

　　飛鳥，奈良時代の仏像には，法隆寺の釈迦三尊像(図版A)のよう
に端正で厳しい表情で正面性を重んじた[　ア　]と，広隆寺の弥勒
菩薩半跏思惟像(図版B)のように顔や姿が柔軟で丸みがあり，立体
感を有した[　イ　]がある。

組合せ

	ア	イ
①	盛唐様式	安阿弥様
②	南梁様式	北魏様式
③	初唐様式	定朝様
④	盛唐様式	定朝様
⑤	安阿弥様	初唐様式
⑥	定朝様	盛唐様式
⑦	北魏様式	南梁様式
⑧	初唐様式	盛唐様式

問2　次の記述は，明治から大正にかけての日本の彫刻について述べたものである。下線部の作者の作品として，図版ア～カの組合せで二つとも適切ではないものを，後の組合せ①～⑧のうちから選びなさい。

　彫刻では高村光雲が伝統的な木彫を近代の彫刻として再興させた。新海竹太郎は工部美術学校で洋風彫刻を学んだ小倉惣次郎に師事し，塑造を学んだ。ロダンに学んだ荻原守衛は，生命力豊かな表現で彫刻界に大きな影響を与えた。

図版

組合せ
　① ア，カ　　② イ，ウ　　③ ウ，オ　　④ ア，イ
　⑤ ウ，カ　　⑥ エ，オ　　⑦ ア，ウ　　⑧ イ，カ

問3　次の記述は，江戸時代の琳派について述べたものである。下線部の作者の作品と図版ア〜カの組合せとして最も適切なものを，後の組合せ①〜⑦のうちから選びなさい。

　琳派は江戸時代を中心に活躍した絵画を主とする装飾的な芸術の流派で，その作品は工芸や書など多岐にわたっている。京都で活躍した俵屋宗達と本阿弥光悦を源流とし，尾形光琳と尾形乾山兄弟が発展させ，酒井抱一と鈴木其一が江戸に広めた。

図版

ア

イ

ウ

エ

オ

カ
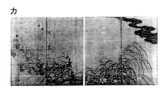

組合せ

	尾形　光琳	鈴木　其一
①	イ	ア
②	カ	オ
③	エ	イ
④	ア	オ
⑤	カ	ウ
⑥	エ	ウ
⑦	カ	イ

問4　次の図版は，桃山時代に描かれた「桜図」である。この作品の作者名と，以下の記述の[　　]に当てはまる語句の組合せとして最も適切なものを，後の組合せ①〜⑧のうちから選びなさい。

図版

「桜図」は，桜の花を白色や下地などに使う[　ア　]で立体的に盛り上げ，花びらを一枚一枚大胆にデザイン化して描いている。金箔に白い花が映え，いっそう華やかさを演出している。

（部分拡大）

組合せ

	作者名	アの語句
①	長谷川　久蔵	水晶末
②	狩野　永徳	方解末
③	長谷川　久蔵	胡粉
④	狩野　永徳	白群
⑤	長谷川　等伯	胡粉
⑥	狩野　永徳	雲母
⑦	長谷川　久蔵	白群
⑧	長谷川　等伯	雲母

問5　次の記述は，江戸時代の陶芸について述べたものである。[　A　]に当てはまる語句と柿右衛門様式の図版の組合せとして最も適切なものを，後の組合せ①〜⑧のうちから選びなさい。

　17世紀，九州の有田では中国の上絵付け技法を学んだ酒井田柿右衛門が，日本で初めて[　A　]の焼成に成功し，その後の国内外の陶芸に影響を与えた。

図版

ア　　　　　イ　　　　　ウ

エ　　　　　オ　　　　　カ

組合せ

	Aの語句	図版
①	磁器	ウ
②	磁器	カ
③	銀襴手	ア
④	下絵付	ウ
⑤	赤絵	エ
⑥	赤絵	ア
⑦	下絵付	オ
⑧	銀襴手	イ

問6　次の図版ア～カは，日本の代表的な建築である。年代の古い順
　　に並べたものの組合せとして最も適切なものを，以下の組合せ①～
　　⑧のうちから選びなさい。ただし，焼失等により再建されたものは，
　　再建された年代ではなく，最初の建立年代として解答すること。

図版

ア

イ

ウ

エ

オ   カ

組合せ

	古い → 新しい
①	カ イ エ ウ オ ア
②	エ カ イ オ ウ ア
③	イ エ カ オ ウ ア
④	エ イ カ オ ア ウ
⑤	エ カ イ ア オ ウ
⑥	カ エ イ オ ウ ア
⑦	カ エ イ オ ア ウ
⑧	エ イ カ ア ウ オ

問7 次の図版と記述は，石川県の兼六園のものである。[　　]に当て
はまる語句として最も適切なものを，後の①〜⑤のうちから選びな
さい。

図版

　大きな池と，周囲を巡る園路を配した[　　]である。庭園の名称
は宋時代の詩人，李格非が紹介した「宏大(広い様子)，幽邃(静寂

さ），人力(人工的)，蒼古(古びた趣)，水泉(滝や水)，眺望(遠くを眺める)」という名園の六要素をすべて兼ね備えている，という意味である。

① 露地　　　　② 池泉舟遊式庭園　　③ 書院造庭園
④ 枯山水庭園　　⑤ 回遊式庭園

問8　次の記述と図版ア～キは，戦後の日本の美術展開についてのものである。この記述の下線部の美術集団の名称と，この集団の作品やパフォーマンスの組合せとして，最も適切なものを，後の組合せ①～⑧のうちから選びなさい。

　　1950年代には，吉原治良を中心とした前衛美術集団や斎藤義重などが，絵画や彫刻など従来の形式や技法の枠を打ち破る多様な表現を展開した。

図版

ア　　　　　　　　イ　　　　　　　　ウ

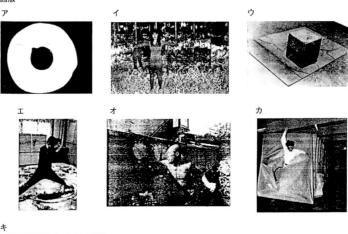

エ　　　　　　　　オ　　　　　　　　カ

キ

組合せ

	美術集団の名称	適切な図版
①	具体美術協会	エ、オ、キ
②	具体美術協会	ア、エ、カ
③	具体美術協会	イ、オ、カ
④	具体美術協会	ウ、エ、オ
⑤	実験工房	イ、ウ、カ
⑥	実験工房	ア、カ、キ
⑦	実験工房	エ、オ、カ
⑧	実験工房	イ、オ、カ

(☆☆☆○○○)

【5】世界の美術について，次の各問いに答えなさい。

問1　次の図版は，ある建築に用いられているステンドグラスである。
このステンドグラスがある建築物として最も適切なものを，以下の
①～④のうちから選びなさい。

図版

① 　　②

③

④

問2 次の図版は，ローマにあるサンタ・マリア・デッラ・ヴィットーリア聖堂にある作品である。この作品の作者として最も適切なものを，以下の①～⑤のうちから選びなさい。

図版

① マザッチオ　　② ドナテルロ　　③ ベルニーニ
④ ミケランジェロ　⑤ ジョット

問3 次の記述は，ある作家について述べたものである。この作家の作品として最も適切なものを，以下の①～④のうちから選びなさい。

　15世紀末から16世紀の北方ルネサンスにおけるドイツの作家で，写実表現の中に精神性を示した。この作家の他の作品として，木版画によるヨハネ黙示録がある。

110

問4　次の記述と図版は，ある世界遺産について説明したものである。この世界遺産がある国名として最も適切なものを，後の①〜⑤のうちから選びなさい。

川の畔に建つ白大理石の霊廟で，「宮廷の冠」を意味する名前が付けられている。1983年に世界遺産に登録された。

図版

① トルコ　　② イラン　　③ イラク　　④ パキスタン
⑤ インド

問5　次の図版ア～カは，作られた年代の異なる美術作品である。年代の古い順に並べたものの組合せとして最も適切なものを，以下の組合せ①～⑥のうちから選びなさい。

図版

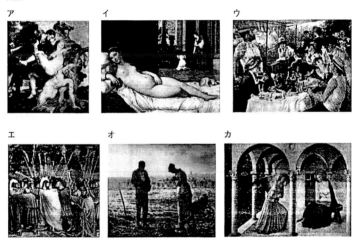

ア　　　　　　　イ　　　　　　　ウ

エ　　　　　　　オ　　　　　　　カ

組合せ

	古い	→	新しい			
①	イ	エ	カ	ア	オ	ウ
②	イ	カ	エ	ア	ウ	オ
③	エ	ア	カ	イ	ウ	オ
④	エ	カ	イ	ア	オ	ウ
⑤	カ	エ	イ	ア	オ	ウ
⑥	カ	イ	エ	ア	ウ	オ

問6　次の記述は，ある椅子について述べたものである。この椅子の図版として最も適切なものを，以下の①～⑤のうちから選びなさい。

　　ル・コルビュジエ，ピエール・ジャンヌレ，シャルロット・ペリアンがデザインした椅子で，ル・コルビュジエは「休養のための機械」と呼んだ。

①　　　　　　　②　　　　　　　③

④　　　　　　　⑤

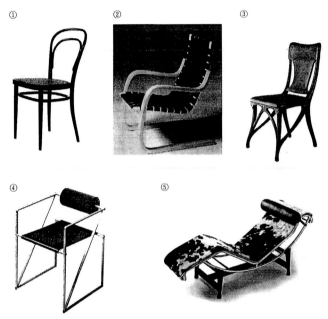

問7　次の記述は，ダンテ・ガブリエル・ロセッティについて述べた
　　ものである。この人物の作品として最も適切なものを，以下の①～
　　④のうちから選びなさい。

　　ロセッティは19世紀のラファエル前派のイギリスの画家で，ラフ
　　ァエロ以降の作品ではなくラファエロ以前の時代に立ち返り，芸術
　　により自由な表現を求めようとしていた。

①　　　　　　　　　　②

③

④

問8　次の記述は，ある作家について述べたものである。この作家の作品として最も適切なものを，以下の①～④のうちから選びなさい。

国旗など日常目にする事物を描いた作家である。この作家を含む運動はネオ・ダダと呼ばれた。

①

②

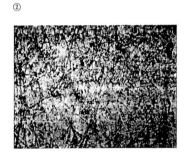

③

④

(☆☆☆○○○)

【中学校】

【 1 】「中学校学習指導要領　第2章　第6節　美術(平成29年3月告示)」について，次の各問いに答えなさい。

問1　次の記述は，「第1　目標」である。[　　]に当てはまる語句として最も適切なものを，以下の①～⑤のうちから選びなさい。

　　表現及び鑑賞の幅広い活動を通して，造形的な見方・考え方を働かせ，生活や社会の中の美術や美術文化と豊かに関わる資質・能力を次のとおり育成することを目指す。

(1)　対象や事象を捉える造形的な視点について理解するとともに，表現方法を創意工夫し，創造的に表すことができるようにする。

(2)　造形的なよさや美しさ，表現の意図と工夫，美術の[　　]などについて考え，主題を生み出し豊かに発想し構想を練ったり，美術や美術文化に対する見方や感じ方を深めたりすることができるようにする。

(3)　美術の創造活動の喜びを味わい，美術を愛好する心情を育み，感性を豊かにし，心豊かな生活を創造していく態度を養い，豊かな情操を培う。

①　価値　　②　可能性　　③　意味　　④　働き

⑤　表現形式

問2　〔第1学年〕の「2　内容」の「A　表現　(2)　ア　(イ)」の記述

として最も適切なものを，次の①〜④のうちから選びなさい。

① 材料や用具の特性を生かし，意図に応じて自分の表現方法を追求して創造的に表すこと。

② 材料や用具の特性などから制作の順序などを考えながら，見通しをもって表すこと。

③ 伝える目的や条件などを基に，伝える相手や内容などから主題を生み出し，分かりやすさと美しさなどとの調和を考え，表現の構想を練ること。

④ 使う目的や条件などを基に，使用する者の立場，社会との関わり，機知やユーモアなどから主題を生み出し，使いやすさや機能と美しさなどとの調和を総合的に考え，表現の構想を練ること。

問3 〔第2学年及び第3学年〕の「2　内容」の「B　鑑賞　(1)　イ　(ア)」の記述として最も適切なものを，次の①〜④のうちから選びなさい。

① 身近な環境の中に見られる造形的な美しさなどを感じ取り，安らぎや自然との共生などの視点から生活や社会を美しく豊かにする美術の働きについて考えるなどして，見方や感じ方を深めること。

② 身近な地域や日本及び諸外国の文化遺産などのよさや美しさなどを感じ取り，美術文化について考えるなどして，見方や感じ方を広げること。

③ 造形的なよさや美しさを感じ取り，作者の心情や表現の意図と創造的な工夫などについて考えるなどして，美意識を高め，見方や感じ方を深めること。

④ 目的や機能との調和のとれた洗練された美しさなどを感じ取り，作者の心情や表現の意図と創造的な工夫などについて考えるなどして，美意識を高め，見方や感じ方を深めること。

問4 次の記述は，「第3　指導計画の作成と内容の取扱い　1　(1)」である。[　]に当てはまる語句として最も適切なものを，以下の①〜④のうちから選びなさい。

(1)　題材など内容や時間のまとまりを見通して，その中で育む資質・能力の育成に向けて，生徒の主体的・対話的で深い学びの実現を図るようにすること。その際，[　　]働かせ，表現及び鑑賞に関する資質・能力を相互に関連させた学習の充実を図ること。

①　自分の価値意識を　　　　　②　情操を豊かに
③　造形的な見方・考え方を　　④　思考力，判断力，表現力等を

（☆☆☆◎◎◎）

【高等学校】

【1】「高等学校学習指導要領　第2章　第7節　芸術(平成30年3月告示)」の「第2款　各科目」について，次の各問いに答えなさい。

問1　次の記述は，「第4　美術Ⅰ」の「1　目標」である。[　　]に当てはまる語句として最も適切なものを，以下の①～⑤のうちから選びなさい。

美術の幅広い創造活動を通して，造形的な見方・考え方を働かせ，美的体験を重ね，生活や社会の中の美術や美術文化と幅広く関わる資質・能力を次のとおり育成することを目指す。

(1)　対象や事象を捉える造形的な視点について理解を深めるとともに，意図に応じて表現方法を創意工夫し，創造的に表すことができるようにする。

(2)　造形的なよさや美しさ，表現の意図と創意工夫，美術の[　　]などについて考え，主題を生成し創造的に発想し構想を練ったり，価値意識をもって美術や美術文化に対する見方や感じ方を深めたりすることができるようにする。

(3)　主体的に美術の幅広い創造活動に取り組み，生涯にわたり美術を愛好する心情を育むとともに，感性を高め，美術文化に親しみ，心豊かな生活や社会を創造していく態度を養う。

①　価値　　②　可能性　　③　意味　　④　働き
⑤　表現形式

問2　「第4　美術Ⅰ」の「2　内容」の「A　表現　(2)　デザイン　イ(イ)」の記述として最も適切なものを，次の①～④のうちから選び

なさい。

① 表現方法を創意工夫し，主題を追求して創造的に表すこと。

② 表現方法を創意工夫し，目的や計画を基に創造的に表すこと。

③ 目的や条件，美しさなどを考え，主題を生成すること。

④ デザインの機能や効果，表現形式の特性などについて考え，創造的な表現の構想を練ること。

問3 「第5　美術Ⅱ」の「2　内容」の「B　鑑賞　(1)　鑑賞　イ(ア)」の記述として最も適切なものを，次の①～④のうちから選びなさい。

① 環境の中に見られる造形的なよさや美しさを感じ取り，心豊かな生き方の創造に関わる美術の働きについて考え，見方や感じ方を深めること。

② 目的や機能との調和の取れた洗練された美しさなどを感じ取り，発想や構想の独自性と表現の工夫などについて多様な視点から考え，見方や感じ方を深めること。

③ 造形的なよさや美しさを感じ取り，発想や構想の独自性と表現の工夫などについて多様な視点から考え，見方や感じ方を深めること。

④ 日本及び諸外国の美術作品や文化遺産などから美意識や創造性などを感じ取り，日本の美術の歴史や表現の特質，それぞれの国の美術文化について考え，見方や感じ方を深めること。

問4 次の記述は，「第4　美術Ⅰ」の「3　内容の取扱い(1)」である。[　]に当てはまる語句として最も適切なものを，以下の①～④のうちから選びなさい。

(1) 内容の「A表現」及び「B鑑賞」の指導については，中学校美術科との関連を十分に考慮し，「A表現」及び「B鑑賞」相互の関連を図り，特に[　]に関する資質・能力と鑑賞に関する資質・能力とを総合的に働かせて学習が深められるようにする。

① 造形的な知識　　② 創造的に表す技能

③ 発想や構想　　④ 主題の生成

(☆☆☆◎◎◎)

118

解答・解説

【中高共通】

【1】問1 ② 問2 ① 問3 人物…⑤ 書籍…③

〈解説〉問1 岸田劉生は，図画教育徳育論により，人格形成の手段としての図画教育の意義論を唱えたとされる。 問2 バウハウスでは，入学直後の半年間，学生は予備課程において，ヨハネス・イッテンやワシリー・カンディンスキーが担当する基礎造形教育を受けた。この予備課程(当初は半年。後に1年)で理念や構成を学んだのち，工房教育，建築教育など実践的な技術を学んだ。 問3 設題にある図版は，ローダ・ケロッグの主著『児童画の発達過程』内で示されたもので，この図についてケロッグは「下から上へ，初期のスクリブルから『人間』への進歩を示す」として，一番下の「スクリブル(様式段階)」から始まり，例えば，図版4行目「太陽」，同5行目「太陽の顔」と「太陽人」，同10行目「胴に腕のついている『人間』」，同11行目「比較的完成に近い人間像」(著者のスケッチ)などと注釈を入れ，多くの児童によって描かれた莫大な絵に，うまくこの段階があてはまり，「同様な進化段階は『人間』以外の絵画対象についても，適用できるに違いない」と説明している。

【2】問1 ② 問2 ⑤ 問3 人物…② 語句…① 問4 ②
問5 ③ 問6 ③ 問7 ⑤

〈解説〉問1 絵の具は顔料(色素)＋展色剤(顔料を画面に固着させる接着剤)により形成されるが，透明水彩絵の具(アクアレル)は顔料＋展色剤(濃いアラビアゴム)から成り，不透明水彩絵の具(グワッシュ)は顔料＋展色剤(薄いアラビアゴム)から成る。つまり，透明水彩絵の具のほうが，展色剤の割合が多い。 問2 光が当たっているところの反対側にできる対象物内の暗い部分を陰，床面などに映るのが影である。ハッチングとは斜線やクロスした線を重ねて(クロスハッチング)明暗の

段階をつくる手法。　問3　ミニマル・アートとは，1960年代を中心に見られた最小限の手段で制作する美術運動またはスタイルのこと。図版の作品は，ドナルド・ジャッドによる『無題(No.306)』(1973年)と思われる。　問4　切り出しは輪郭線をとったり，鋭い線を切り出したりするときなどに用いる。三角刀では鋭い線を彫ることができる。丸刀には細い刃と太い刃があり，太い刃では広い面を彫り出すことなどができる。　問5　カメラに取り込む光の量を数値化したものが絞り値(F値)である。絞り値を大きくすると絞りが絞られてレンズを通る光の量が少なくなり，絞り値を小さくすると絞りが開かれて逆にレンズを通る光の量は多くなる。絞り値が大きいよりも，絞り値が小さい方がピントの合う範囲は狭くなり，前後が大きくぼやける。

問6　銅版を腐食液に入れる際には，ニードルで削った凹部を塞がないようにして描画面を下向きにセットし，小さく切ったスチレンボードやガラス棒などを用い，版を底から浮かすようにする。　問7　ブランクーシはルーマニア出身の彫刻家。抽象彫刻の先駆者といわれ，現代彫刻に大きな影響を与えた。図版エは「空間の鳥」(1925〜1926年)，同カは「接吻」(1907〜1910年)である。

【3】問1　③　　問2　1　②　　2　④　　問3　④　　問4　④
　　問5　人物…④　　作品…④　　問6　⑥
〈解説〉問1　図版の書体は「明朝体」である。もとは中国の明の時代に様式化された書体のことで，日本では明治時代に普及した。特徴としては，①横画が細く，縦画が太いこと，②横画や曲がり角に三角形の山形(ウロコ)をつけること，③はねたり，はらったり，筆で書いた感じを様式化したことなどがあげられる。読みやすく，長い本文などに向いているとされている。一方，サンセリフ体は，明朝体に見られるような文字の端のはねや飾りがない書体で，すべての点画がほぼ同じ太さでデザインされており，力強く，見出しなどの表現に向いている。サンセリフ体をもとにして「ゴシック体」が作られた。　問2　色料の三原色であるシアン(緑みの青)，マゼンタ(赤紫)，イエロー(黄)を混

ぜると明度が低くなり黒に近づく。このような混色を減法混色という。また並置混色とは，二色以上の色を小さな点として上下左右にわたり交互にびっしり並べたものを遠くから見ると，それらの中間の色(平均的な色)として見える混色のこと。たとえば，赤と黄を細かく並べると，遠くからはオレンジに見える。　問3　図版の建築物は，2011年2月の地震で被災したニュージーランドのクライストチャーチ大聖堂の代わりとなる仮設の大聖堂である。建築家・坂茂氏は，紙管を用いた「紙の建築」で知られ，国内外の災害地に仮設住宅などを建設し，多くの被災者を支援している。　問4　スポークチェアは，家具デザイナーの豊口克平がイギリスのウィンザーチェアをもとにデザインしたもので，1963年に初めて発売された。　問5　福田繁雄は，トリックアートで知られるグラフィックデザイナーである。図版の作品は「VICTORY 1945」，作品の④は，第3回ヒロシマ・アピールズ展のポスターである「地球」(1985年)。　問6　ア「青海波」は，同心円の一部が扇状に重なり，波のように反復させた文様。　イ「いちご泥棒」は，近代デザインの父と呼ばれるウィリアム・モリスによる。ウ「唐草」は，シルクロード経由で日本に伝来したとされ，蔓が四方に延びていく様子から，長寿や繁栄の意味合いのある縁起柄といわれる。　エ「矢絣」は，弓矢の矢羽根をモチーフにした図案。オ「七宝」は，別名：輪違(わちがい)ともいわれるもので，同じ円の円周4分の1ずつを重ねて繋ぐ文様。　カ「網干」は，魚網を三角錐状(さんかくすいじょう)に干す様子を文様化したもの。

【4】問1　⑦　　問2　①　　問3　③　　問4　③　　問5　⑥
問6　②　　問7　⑤　　問8　②
〈解説〉問1　図版Aの釈迦三尊像は鞍作止利(くらつくりのとり)の作といわれる。「北魏様式」の作品として，ほかに飛鳥寺の釈迦如来像などがある。また，図版Bの弥勒菩薩半跏思惟像を代表とする「南梁様式」の作品には，ほかに法隆寺の百済観音像などがある。　問2　荻原守衛(碌山)による作品は，イ「デスペア」(1909年)，ウ「労働者」(1909

年)，エ「坑夫」(1907年)，オ「女」(1910年)である。　問3　尾形光琳の作品であるエの「燕子花図」(18世紀・右隻)は国宝，鈴木其一の作品であるイの「夏秋渓流図」(19世紀・右隻)は重要文化財である。問4　「桜図」は，長谷川等伯の子・久蔵が，豊臣秀吉の息子・鶴松の法要のために依頼されて描いたものとされる。胡粉とは，カキやホタテ貝などの殻を焼いてつくる白色顔料のひとつ。　問5　アは重要文化財の「色絵花鳥文大深鉢」(17世紀)である。　問6　アは「桂離宮」で17世紀半ば，イは「室生寺五重塔」で8世紀末〜9世紀初，ウは「金閣寺(正式名称は鹿苑寺)」で14世紀末，エは「法隆寺西院伽藍」で7世紀後半，オは「平等院鳳凰堂」で11世紀半ば，カは「唐招提寺金堂」で8世紀後半である。　問7　金沢・兼六園とは，水戸・偕楽園，岡山・後楽園とならぶ日本三名園の一つといわれる。　問8　具体美術とは，1954年，吉原治良を中心に大阪で結成されたもので，浜辺を掘り返した野外展や舞台でのパフォーマンスなど，それまでの美術作品に対するイメージを打ち破りながら新しい発想と問題を提起する活動を展開し，海外からも注目を集めた。図版アの作者・吉原治良は，1960年代から円をモチーフとする作品を数多く発表した。エは白髪一雄によるフット・ペインティングで，天井から吊るしたロープを持ち，足を使って描く。カは村上三郎による「通過」(1956年)である。

【5】問1　③　　問2　③　　問3　②　　問4　⑤　　問5　④
　　問6　⑤　　問7　④　　問8　①
〈解説〉問1　③は「シャルトル大聖堂」(フランス)である。大聖堂の内部は173のステンドグラスで飾られている。　問2　図版は「聖女テレサの法悦」(1646〜1652年)である。作者のベルニーニはバロック期を代表する彫刻家，画家，建築家。　問3　アルブレヒト・デューラーによる「毛皮のローブを着た自画像(28歳の自画像)」(1500年)である。問4　図版の造造物は「タージ・マハル」である。総大理石の白亜の廟で，インド・イスラム文化を代表する建築物である。　問5　アはピーテル・パウル・ルーベンスによる「レウキッポスの娘たちの略奪」

(1616〜1619年)，イはティツィアーノ・ヴェチェルリオによる「ウルビーノのヴィーナス」(1538年)，ウはオーギュスト・ルノワールによる「舟遊びの人々の昼食」(1881年)，エはジョット・ディ・ボンドーネによる「ユダの裏切り(ユダの接吻)」(1304〜1306年)，オはジャン＝フランソワ・ミレーによる「晩鐘」(1857〜1859年)，カはフラ・アンジェリコによる「受胎告知」(1440〜1450年頃)である。　問6　⑤は「LC4」(シェーズロング：寝椅子の意)である。　問7　④は「ベアタ・ベアトリクス」(1864〜1870年)である。　問8　①はジャスパー・ジョーンズによる「標的と石膏」(1955年)である。

【中学校】

【1】問1　④　　問2　②　　問3　①　　問4　③

〈解説〉問1　中学校学習指導要領解説美術編(平成29年7月)では，「美術科の目標」の項において，「教科の目標は，小学校図画工作科における学習経験と，そこで培われた豊かな感性や，表現及び鑑賞に関する資質・能力などを基に，中学校美術科に関する資質・能力の向上と，それらを通した人間形成の一層の深化を図ることをねらいとし，高等学校芸術科美術，工芸への発展を視野に入れつつ，目指すべきところを総括的に示したものである」と説明している。そして，教科の目標の実現に向けては，(1)〜(3)を相互に関連させながら育成できるよう確かな実践をいっそう推進していくこと，としている。　問2　「A　表現　(2)」のアでは，「発想や構想をしたことなどを基に，表現する活動を通して，技能に関する次の事項を身に付けることができるよう指導すること」が求められている。同解説美術編では，「発想や構想をしたことを基によりよく表現するための目標と見通しをもって，材料や用具の特性などからどのように描いたりつくったりするかを考えながら計画的に表すことが重要である」と説明している。　問3　「B　鑑賞　(1)」のイでは，「生活や社会の中の美術の働きや美術文化についての見方や感じ方を深める活動を通して，鑑賞に関する次の事項を身に付けることができるよう指導すること」が求められている。同解説

美術編では，「身近な自然や環境を改めて見つめ直し，よさや美しさ，美術の働きについて話し合ったり，美しい環境をつくりだす仕組みや課題を調べたりするなどして，見方や感じ方を深めることが重要である」と説明している。　問4　同解説美術編では，③の「造形的な見方・考え方」について，「美術科の特質に応じた物事を捉える視点や考え方として，表現及び鑑賞の活動を通して，よさや美しさなどの価値や心情などを感じ取る力である感性や，想像力を働かせ，対象や事象を造形的な視点で捉え，自分としての意味や価値をつくりだすこと」と説明している。

【高等学校】

【1】問1　④　　問2　②　　問3　①　　問4　③

〈解説〉問1　高等学校学習指導要領解説芸術編・音楽編・美術編(平成30年7月)では，美術Ⅰの目標において，「中学校美術科における学習を基礎にして，『美術Ⅰ』は何を学ぶ科目なのかということを明示し，感性や美意識，想像力を働かせ，対象や事象を造形的な視点で捉え，自分としての意味や価値をつくりだすなどの造形的な見方・考え方を働かせ，美的体験を重ね，生活や社会の中の美術や美術文化と幅広く関わる資質・能力を育成することを一層重視している」と説明している。今回の改訂により，目標の実現に向けて育成を目指す資質・能力は，3つの柱すなわち「(1)　知識及び技能」，「(2)　思考力，判断力，表現力等」，「(3)　学びに向かう力，人間性等」に整理された。出題の(1)～(3)の文言は，これらの3つの柱を具体的に示す内容となっている。問2　「A　表現　(2)　デザイン　イ」は「発想や構想したことを基に，創造的に表す技能」の項である。同解説芸術編・音楽編・美術編では，この項について「デザインがもつ機能や効果，表現形式の特性などについて考え，創造的な表現の構想を練り，材料や用具の特性を生かし，目的や計画を基に創造的に表すなどして，発想や構想に関する資質・能力と技能に関する資質・能力を育成することをねらいとしている」と説明している。　問3　「B　鑑賞　(1)　鑑賞　イ」は，「生活や社会

の中の美術の働きや美術文化についての見方や感じ方を深める鑑賞」
の項である。同解説芸術編・音楽編・美術編では，この項の指導に当
たっては，「自然や美術作品，生活や社会の中の造形や文化遺産など
に接し，対象や作品の造形的なよさや美しさ，作者の考え，美術の働
き，世界観などを感じ取るとともに，制作過程や表現の工夫などを追
体験するなどして作品への見方を深めたり，自己の表現に生かすよう
試みたりできるよう留意する」と説明している。また，その際，学校
や地域の実態に応じて美術館や博物館などと積極的に連携を図ること
も大切であるとしている。　問4　表現と鑑賞は密接に関係しており，
表現の学習が鑑賞に生かされ，鑑賞の学習が表現に生かされることで，
一層充実した創造活動に高まっていく。したがって，「A　表現」と
「B　鑑賞」の相互の関連を十分に図り，学習の効果が高まるように指
導計画を工夫する必要がある。また，表現と鑑賞の指導の関連を図る
際には，単に表現のための参考として表面的に作品を見るのではなく，
発想や構想と鑑賞の学習の双方に働く中心となる考えを軸に，それぞ
れの資質・能力を高められるようにすることが大切である。これらの
相互の関連を図ることは，表現活動において発想や構想と関連する創
造的に表す技能を高めることにもつながるためである。

2021年度　実施問題

【中高共通】

【1】美術教育について，次の各問いに答えなさい。

問1　次の記述は，日本の教科書について述べたものである。[　　]に当てはまる教科書として最も適切なものを，下の①〜⑤のうちから選びなさい。

　　図画の国定教科書である[　　]は明治43年に刊行され，20年以上使用され続けた。

　　その特徴として，

・鉛筆画と毛筆画の対立を解消するために両者の統合を図っている。

・臨画のほか，写生画，記憶画，考案画により成っている。

・「児童用」と「教師用」の2種類がある。

などが挙げられる。

① 尋常小学図画　　② 新定画帖　　③ 西画指南

④ エノホン　　　　⑤ 図法階梯

問2　次の記述は，日本の美術教育者について述べたものである。

[　1　]，[　2　]に当てはまる人物として最も適切なものを，後の①〜⑤のうちからそれぞれ選びなさい。

ア　[　1　]は1923年にメキシコに入国し，鉱山労働者の町クスコで野外美術学校を開いた。彼は想像画を描かせず，実際のモチーフを求めて行う現場での写生を奨励したが，これはメキシコ人のものの見方やとらえ方の考察によるところが大きい。

イ　[　2　]は長野県神川小学校で，自由画の奨励に努める講演を行った。「学齢期前の児童の画はたいてい面白いが，それが学校へ通うようになると皆悪くなってしまう。」などと語り，臨画教育を批判した。

① 青木　實三郎　　② 白浜　徹　　③ 山本　鼎
④ 北川　民次　　　⑤ 久保　貞次郎

問3　次の記述は，ローウェンフェルドについて述べたものである。
　　[　]に当てはまる語句として最も適切なものを，下の①〜⑤のう
　　ちから選びなさい。

　　　ローウェンフェルドは，いろいろな研究者の発達段階説を参考に，
　　創造活動に見られる一般的な特徴，人物の再現，空間の配置，デザ
　　イン，刺激題目，技法などを総合的に分析し，創造活動の段階説を
　　示しているが，それによれば，13〜17歳頃を[　]と分類し，創造
　　活動における青年期の危機であるとしている。

① 擬似写実主義の段階　　② 決定の時期
③ 写実主義の芽生え　　　④ 様式化の段階
⑤ 様式化前の段階

問4　次の記述は，鑑賞の活動について述べたものである。[　]に当
　　てはまる語句として最も適切なものを，下の①〜④のうちから選び
　　なさい。

　　　[　]は鑑賞者が協働的・創造的に美術作品の意味を生成してい
　　く鑑賞方法である。1980年代にニューヨーク近代美術館で同館の教
　　育部長を務めていたフィリップ・ヤノウィンと認知心理学者アビゲ
　　イル・ハウゼンらによって開発された鑑賞教育プログラムVTS(ヴィ
　　ジュアル・シンキング・ストラテジー)が礎となっている。「見る」，
　　「考える」，「話す」，「聞く」の活動を中心に進める方法で，アメリ
　　ア・アレナスらによって日本に伝えられた。

① 批評学習　　② アート・ゲーム　　③ 対話型鑑賞
④ ミュージアム・アウトリーチ

(☆☆☆◎◎◎)

【2】感じ取ったことや考えたことを基にして表現する活動について，次
　　の問いに答えなさい。

　　問1　次の記述は，図版の作品とその作者について述べたものである。

この作品の作者として最も適切なものを，下の人物①〜⑥のうちから選びなさい。また，図版の作品に用いられている技法として最も適切なものを，下の技法①〜③のうちから選びなさい。

　図版は，13〜14世紀に活躍したイタリアの作家の作品である。彼は，キリスト教の聖人を，立派で近寄りがたい人として描くのではなく，悲しんだり苦しんだりする人間らしい表情で表した。作者が描いた壁画は評判となり，多くの画家が影響を受けている。

　この作品は，誰がキリストかをユダヤの司祭とローマの兵士に教えるために，ユダがキリストにキスをする裏切りの場面である。

図版

人物
　①　レオナルド・ダ・ヴィンチ
　②　ピーテル・ブリューゲル
　③　ヤン・ファン・エイク
　④　ミケランジェロ・ブオナルローティ
　⑤　ジョット・ディ・ボンドーネ
　⑥　ラファエロ・サンティ
技法
　①　フレスコ
　②　油彩

　③　テンペラ

問2　次の記述は，線遠近法について述べたものである。[　　]に当て
　はまる語句として最も適切なものを，下の語句①〜⑥のうちから選
　びなさい。また，一点透視図法を用いた作品として最も適切なもの
　を，下の図版①〜④のうちから選びなさい。

　　平面の画面に奥行きや立体感を持たせて表す図法を遠近法とい
　う。線遠近法はその表現方法の一つで，物体の奥行きを表す線を目
　で追ったとき，最終的に[　　]に集中する図法のことである。

　語句

　　①　大小　　　②　色彩　　　③　重なり　　　④　空気
　　⑤　消失点　　⑥　上下

　図版　①

②

　③

④

問3　次の記述は，図版の作品が描かれた時代の芸術様式について述
　べたものである。[　　]に当てはまる語句として最も適切なものを，
　後の語句①〜⑥のうちから選びなさい。また図版の説明として最も
　適切なものを，後の説明文①〜⑤のうちから選びなさい。

　17世紀になると，画家は調和を重んじる表現からよりインパクトの強い表現を目指した。語源は「ゆがんだ真珠」というこの時代の芸術を[　　]という。芸術の特徴は，強い色彩や明暗の対比，曲線や激しい動きによる表現である。

図版

語句

① バロック　　　② ロマネスク　　③ ゴシック
④ マニエリスム　⑤ 新古典主義　　⑥ ロココ

説明文

① 呼び止められたかのように振り返る中央人物を画家は見上げている。風などの瞬間の情景が軽いタッチで描かれた。光と影が織りなす自然の情景に人物も溶け込んでいる。

② スポットライトを当てたように人物を浮かび上がらせて，画面をドラマチックに表現するなど，絵の中で光と影を演出している。

③ 柔らかな光がさし込む部屋の中での家庭の日常の何気ない情景を表した。落ちついた生活の雰囲気を確かな実写力でしっとりとやさしく表現している。

④ 色大理石によるモザイク壁画である。表面に少し凹凸があるので光線の具合によって色が変化し，より一層の効果をあげている。

⑤ 背景の鏡に室内を映すという巧みな発想で，華やかな雰囲気をとらえ，中央の人物と静物の配置が見事な構成で，画面全体

に光と色が交錯した光り輝く情景を描いた。

問4 次の記述は,版画の種類について述べたものである。ア～エに
入る語句の組合せとして最も適切なものを,下の①～⑧のうちから
選びなさい。

版画は,製版方法・印刷方法・版材などによって,版の形態や版
形式が分類できるが,この版の種類を版種といい,一般的に大きく
4つに分類する。[ア]は,水と油の反発しあう作用を利用し,版
面に油性の描画材で描き,紙に刷りとる。木版画は,[イ]であ
る。[ウ]は,刻んだへこみにインクをつめ,へこみ以外の不要
なインクをふき取り,プレス機で加圧し,紙に刷りとる。4種類の
中で唯一画面を反転させないことができるのが,[エ]である。

	ア	イ	ウ	エ
①	平版	孔版	凹版	凸版
②	孔版	凹版	凸版	平版
③	平版	凸版	凹版	孔版
④	凹版	凸版	平版	孔版
⑤	凸版	平版	孔版	凹版
⑥	孔版	平版	凸版	凹版
⑦	平版	凸版	孔版	凹版
⑧	凹版	孔版	平版	凸版

問5 次の図版の作品はジャクソン・ポロックの作品である。この作
品に主に用いられた技法として最も適切なものを,後の①～⑥のう
ちから選びなさい。

図版

　　① フロッタージュ　　② コラージュ　　③ デカルコマニー

　　④ スパッタリング　　⑤ マーブリング　　⑥ ドリッピング

問6　次の図版は，近現代の彫刻作品である。未来派の作品として最
　も適切なものを，次の図版①〜⑤のうちから選びなさい。

図版

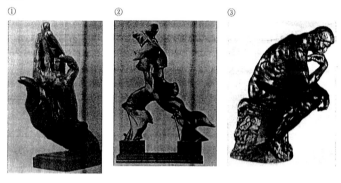

　　　　　　　　　　　　　　　　　　　　　　　　　(☆☆☆○○○)

【3】伝える，使うなどの目的や機能を基にして表現する活動に関して，
　次の各問いに答えなさい。

　問1　次の記述は，分光について述べたものである。[　1　]，[　2　]
　　に当てはまる語句として最も適切なものを，後の①〜⑨のうちから

それぞれ選びなさい。

　太陽光(白色光)をプリズムに通すと，波長の長い順に赤，[　1　]，黄，緑，青，青紫，紫に分光される。このひとつひとつが単色光であり，帯状に並べたものをスペクトルという。人間が色として認識できる光は[　2　]と呼ばれる。

① 紅　　② 橙　　　③ 浅葱　　④ 瑠璃

⑤ 桜　　⑥ 赤外線　　⑦ 紫外線　　⑧ 可視光線

⑨ X線

問2　次の記述は，図版の椅子をデザインした日本のデザイナーについて述べたものである。[　　]に当てはまる人物として最も適切なものを，下の①～④のうちから選びなさい。

　日本のデザイナーも1950年代から欧米に進出してデザイン活動を展開し，その成果は欧米でも次第に注目されるようになった。1964年にはニューヨーク近代美術館のコレクションに，[　　]の籐椅子が選定された。

図版

① 渡辺　力　　② 剣持　勇　　③ 柳　宗理

④ 豊口　克平

問3　次の記述は，ヘルプマークについて述べたものである。ヘルプマークのデザインとして最も適切なものを，後の図版①～④のうちから選びなさい。

　援助や配慮を必要としていることが外見からはわかりにくい人がいる。かばんなどにつけておくことで，周囲から援助を得やすくなるように作成されたマークである。

図版

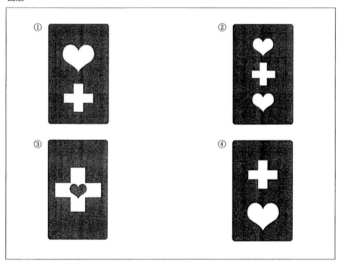

問4　次の図版ア～カは，木彫工芸の技法である。この図版と技法の
　　組合せとして最も適切なものを，後の①～⑨のうちから選びなさい。

図版

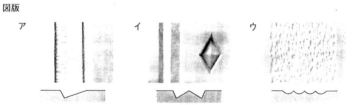

	ア	イ	ウ	エ	オ	カ
①	菱彫り	かまぼこ彫り	浮き彫り	石目彫り	薬研彫り	片切り彫り
②	石目彫り	片切り彫り	薬研彫り	かまぼこ彫り	浮き彫り	菱彫り
③	片切り彫り	浮き彫り	薬研彫り	菱彫り	かまぼこ彫り	石目彫り
④	浮き彫り	薬研彫り	かまぼこ彫り	片切り彫り	菱彫り	石目彫り
⑤	片切り彫り	菱彫り	薬研彫り	石目彫り	かまぼこ彫り	浮き彫り
⑥	かまぼこ彫り	浮き彫り	片切り彫り	菱彫り	石目彫り	薬研彫り
⑦	片切り彫り	菱彫り	石目彫り	薬研彫り	かまぼこ彫り	浮き彫り
⑧	薬研彫り	石目彫り	菱彫り	浮き彫り	片切り彫り	かまぼこ彫り
⑨	菱彫り	片切り彫り	石目彫り	薬研彫り	浮き彫り	かまぼこ彫り

問5　次の記述は，図版の作品について述べたものである。この作者
として最も適切なものを，下の①〜⑤のうちから選びなさい。

　作者は「この作品は100年後に完成するだろう」と語っている。
彫刻作品であると同時に，上って滑り降りることのできる遊具でも
あり，子供たちのお尻がだんだんと御影石を磨いていくからだ。

図版

① アレクサンダー・カルダー　　② ダニ・カラヴァン
③ イサム・ノグチ　　　　　　　④ マドリン・ギンズ
⑤ 荒川　修作

問6　次の記述は，アール・ヌーヴォーについて述べたものである。この時代に制作された図版アとイの作者として最も適切なものを，下の①～⑧のうちからそれぞれ選びなさい。

　アール・ヌーヴォーは19世紀末から20世紀初頭にかけてヨーロッパを中心に起こった芸術運動で，「新しい芸術」という意味である。造形の特徴は植物や動物をモチーフにした有機的な曲線を使った表現で，建築・家具・工芸・ポスター・装身具などがつくられた。

図版

ア

イ

作者名→

①　ルイス・コンフォート・ティファニー
②　ルネ・ラリック
③　ドーム兄弟
④　エミール・ガレ
⑤　A. M. カッサンドル
⑥　アルフォンス・ミュシャ

⑦　アンリ・ド・トゥールーズ＝ロートレック

⑧　エクトール・ギマール

問7　次の図版ア〜オは，日本の伝統的工芸品である。その産地との組合せとして最も適切なものを，下の①〜⑧のうちから選びなさい。

図版

ア

イ

ウ

エ

オ

	ア	イ	ウ	エ	オ
①	秋田県	東京都	沖縄県	北海道	岡山県
②	北海道	沖縄県	岡山県	秋田県	東京都
③	沖縄県	北海道	東京都	岡山県	秋田県
④	北海道	沖縄県	東京都	岡山県	秋田県
⑤	沖縄県	北海道	岡山県	秋田県	東京都
⑥	東京都	岡山県	秋田県	沖縄県	北海道
⑦	岡山県	秋田県	北海道	東京都	沖縄県
⑧	秋田県	岡山県	沖縄県	東京都	北海道

(☆☆☆◎◎◎)

【4】日本の美術について，次の各問いに答えなさい。

問1　次の記述は，図版の作者について述べたものである。この作者として最も適切なものを，後の人物①〜⑥のうちから選びなさい。

　また，作者が活躍した時代を下の時代①～⑥のうちから選びなさい。
　彼は，相国寺で教育を受け水墨画を周文に学んだ。動乱の京都を離れ，山口の大内氏の派遣船で念願の中国行きを果たした彼は，宮廷画家の李在に学んで「四季山水図」のような李在をしのぐ堅固な空間構成を備えた作品を描いている。

図版

人物
　①　雪舟　　②　雪村　　③　能阿弥　　④　尾形　光琳
　⑤　可翁　　⑥　牧谿

時代
　①　平安　　②　鎌倉　　③　室町　　④　奈良　　⑤　桃山
　⑥　江戸

問2　次の図版の仏像の名称として最も適切なものを，後の仏像①～⑤のうちから選びなさい。また，この仏像が安置されている寺院として最も適切なものを，後の寺院①～⑤のうちから選びなさい。

図版

仏像
　①　弥勒菩薩半跏像　　②　不空羂索観音立像
　③　毘沙門天像　　　　④　阿修羅像
　⑤　増長天像

寺院
　①　東大寺　　②　興福寺　　③　法隆寺　　④　広隆寺
　⑤　雪蹊寺

問3　次の記述は，図版について述べたものである。この図版の作者として最も適切なものを，後の①～⑥のうちから選びなさい。

　御室焼の創始者である彼の色絵茶陶は，江戸初期の装飾屏風の意匠を茶陶の絵付に移したものであり，中国趣味を脱して「雅」の世界への回帰を目指した純日本的色絵の創案がそこに見られる。

図版

① 宮川　香山　　② 安藤　緑山　　③ 鈴木　長吉
④ 野々村　仁清　⑤ 本阿弥　光悦　⑥ 板谷　波山

問4　次の図版の建築物の名称として最も適切なものを，下の建築①
　　〜⑥のうちから選びなさい。また，この建築物に用いられている様
　　式名として最も適切なものを，後の様式①〜⑥のうちから選びなさ
　　い。

図版

建築
　① 慈照寺銀閣　　② 光明寺本堂　　③ 唐招提寺金堂
　④ 桂離宮　　　　⑤ 円覚寺舎利殿　⑥ 興福寺北円堂

様式

   ① 神明造　　② 権現造　　③ 大社造　　④ 寝殿造

   ⑤ 大仏様　　⑥ 禅宗様

問5　次の記述は，図版の作品について述べたものである。この絵画
　　の作者として最も適切なものを，下の①～⑥のうちから選びなさい。

　　　昭和25年の個展で発表された作者の代表作である。上野の地下道
　　の路上生活者にヒントを得たといわれる画中の男は，コンクリート
　　の桁がむき出しのビルの谷間にうずくまり，力の無い二本の腕を地
　　面に投げ出し，その肩には巨大な掌がのしかかっている。それは，
　　敗戦直後の虚脱感に満ちた多くの日本人の心象風景と重なるイメー
　　ジであった。

図版

作者名 ←

   ① 香月　泰男　　② 矢崎　博信　　③ 浜田　知明

   ④ 鶴岡　政男　　⑤ 藤田　嗣治　　⑥ 岡本　太郎

問6　次の図版は，1964年の東京オリンピックのポスターである。こ
　　の図版の作者として最も適切なものを，後の①～⑥のうちから選び
　　なさい。

141

図版

TOKYO ● 1964

① 横尾　忠則　　② 田中　一光　　③ 永井　一正
④ 福田　繁雄　　⑤ 亀倉　雄策　　⑥ 粟津　潔

(☆☆☆◎◎◎)

【5】世界の美術について，次の各問いに答えなさい。

問1　次の図版は，大理石等のオリジナルの彫刻作品から，型をとり複製をした石膏像である。オリジナルの作者がドナテルロであるものとして最も適切なものを，図版①〜⑦のうちから選びなさい。また，オリジナルが胸像であるものとして最も適切なものを，図版①〜⑦のうちから選びなさい。

図版

① 　　② 　　③

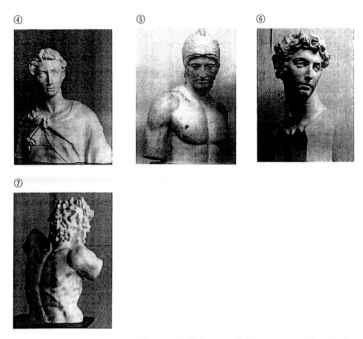

問2　次の記述ア，イは，椅子の名称とその特徴について述べたものである。ア，イの椅子として最も適切なものを，後の図版①〜⑦のうちからそれぞれ選びなさい。

ア　名称を「ワシリー・チェア」といい，量産化に対応できる素材であるスチールを使用した椅子である。

イ　名称を「アーロンチェア」といい，人間工学に基づき座る人の体型や使用環境に応じて細かく調整できるように設計されている。

図版

問3　次の記述は，ある世界遺産について述べたものである。この記述が説明する図版として最も適切なものを，後の図版①〜⑥のうちから選びなさい。

　パリ中心部のシテ島にある聖母マリアにささげられた大聖堂。ゴシック建築を代表する建物として知られ，1991年に「パリのセーヌ河岸」という名称で周辺の文化遺産とともに世界遺産に登録された。2019年の4月，大規模な火災が発生した。

図版

問4　次の記述は，印象主義について述べたものである。印象主義という名称の由来となった作品を制作した作家の作品として最も適切なものを，後の図版①～④のうちから選びなさい。

　彼らは自分の目で見たままを描くという立場から，屋外での制作

を試みた。自然の色が光の状態で刻々と変化することに気付き，自然の明るさを表すために純粋な色を使い，パレットでの混色を避け，筆触による描法を試みた。これら色彩の視覚的効果を表現しようとした画家たちの運動を印象主義と呼ぶ。

図版

問5　次の記述は，ある画家について述べたものである。この画家の作品として最も適切なものを，後の図版①〜⑤のうちから選びなさい。

　この画家は1887年アメリカに生まれた。彼女の才能をいち早く認めたのは，有名な写真家で，後に夫となるアルフレッド・スティーグリッツであった。

　彼女は「花」や「都市」を描くかたわら，毎年夏にはニューメキ

シコに滞在し，その荒涼とした風景や拾い集めた動物の骨などを描くようになった。砂漠に魅せられた画家は60歳を過ぎてから98歳で亡くなるまで，その大地の中で簡素な生活を送った。

図版

① ② ③ ④ ⑤

問6　次の記述は，ある画家について述べたものである。この画家の作品として最も適切なものを，後の図版①〜④のうちから選びなさい。

　この画家はサタデー・イヴニング・ポストの表紙を半世紀近くも描き続けた。この絵もそのための原画であるが，状況設定の巧みさ，鋭い観察力，的確な描写力，そしてユーモアとウィットなど，この

絵から学べるものはふんだんにある。

図版

① ② ③ ④

問7　次の記述は，18世紀のフランスの美術について述べたものである。下線部の画家の作品として最も適切なものを，後の図版①〜⑤のうちから選びなさい。

　18世紀はフランスの宮廷を中心に洗練され軽快で優美なロココと呼ばれる様式が流行した。絵画ではヴァトーやフラゴナールが軽妙なタッチと豊かな色彩で，貴族の生活と想像的情景を交えた優雅な世界を表現した。一方，同時代には，このようなロココの流行とは対照的に，身近な器物や庶民の生活などを，調和のとれた繊細な色調で描き続けた画家もいた。

図版

(☆☆☆◎◎◎)

【中学校】

【1】「中学校学習指導要領　第6節　美術(平成29年3月告示)」について，次の各問いに答えなさい。

　　問1　次の記述は，「第1　目標」である。[　1　]，[　2　]，[　3　]に当てはまるものとして最も適切なものを，後の①〜⑥のうちからそ

れぞれ選びなさい。

　表現及び鑑賞の幅広い活動を通して，造形的な見方・考え方を働かせ，生活や社会の中の美術や美術文化と豊かに関わる資質・能力を次のとおり育成することを目指す。

(1)　対象や事象を捉える[　1　]な視点について理解するとともに，表現方法を創意工夫し，創造的に表すことができるようにする。

(2)　造形的なよさや美しさ，表現の意図と工夫，美術の働きなどについて考え，主題を[　2　]豊かに発想し構想を練ったり，美術や美術文化に対する見方や感じ方を深めたりすることができるようにする。

(3)　美術の創造活動の喜びを味わい，美術を愛好する心情を育み，[　3　]を豊かにし，心豊かな生活を創造していく態度を養い，豊かな情操を培う。

① 生成し　② 感性　③ 創造的　④ 生み出し
⑤ 造形的　⑥ 想像力

問2　次の記述は，「第2　各学年の目標及び内容」「2　内容」の〔共通事項〕(1)である。[　1　]，[　2　]に当てはまるものとして最も適切なものを，下の①〜⑥のうちからそれぞれ選びなさい。

(1)　「A表現」及び「B鑑賞」の指導を通して，次の事項を身に付けることができるよう指導する。

　ア　形や色彩，材料，光などの[　1　]や，それらが感情にもたらす効果などを理解すること。

　イ　造形的な特徴などを基に，全体の[　2　]や作風などで捉えることを理解すること。

① 印象　② 画風　③ イメージ　④ 主題　⑤ 特徴
⑥ 性質

問3　「第2　各学年の目標及び内容」〔第1学年〕「2　内容」の「B鑑賞(1)ア(ア)」の記述として最も適切なものを，次の①〜④のうちから選びなさい。

①　造形的なよさや美しさを感じ取り，作者の心情や表現の意図と

工夫などについて考えるなどして，見方や感じ方を広げること。

②　目的や機能との調和のとれた洗練された美しさなどを感じ取り，作者の心情や表現の意図と創造的な工夫などについて考えるなどして，美意識を高め，見方や感じ方を深めること。

③　身の回りにある自然物や人工物の形や色彩，材料などの造形的な美しさなどを感じ取り，生活を美しく豊かにする美術の働きについて考えるなどして，見方や感じ方を広げること。

④　日本の美術作品や受け継がれてきた表現の特質などから，伝統や文化のよさや美しさを感じ取り愛情を深めるとともに，諸外国の美術や文化との相違点や共通点に気付き，美術を通した国際理解や美術文化の継承と創造について考えるなどして，見方や感じ方を深めること。

(☆☆☆◎◎◎)

【高等学校】

【1】「高等学校学習指導要領　第2章　第7節　芸術(平成30年3月告示)」の「第2款　各科目」について，次の各問いに答えなさい。

問1　次の記述は，「第4　美術Ⅰ」の「1　目標」である。[　1　]，[　2　], [　3　]に当てはまるものとして最も適切なものを，後の①〜⑥のうちからそれぞれ選びなさい。

美術の幅広い創造活動を通して，造形的な見方・考え方を働かせ，美的体験を重ね，生活や社会の中の美術や美術文化と幅広く関わる資質・能力を次のとおり育成することを目指す。

(1)　対象や事象を捉える[　1　]な視点について理解を深めるとともに，意図に応じて表現方法を創意工夫し，創造的に表すことができるようにする。

(2)　造形的なよさや美しさ，表現の意図と創意工夫，美術の働きなどについて考え，主題を[　2　]創造的に発想し構想を練ったり，価値意識をもって美術や美術文化に対する見方や感じ方を深めたりすることができるようにする。

151

(3)　主体的に美術の幅広い創造活動に取り組み，生涯にわたり美術
を愛好する心情を育むとともに，[　3　]を高め，美術文化に親し
み，心豊かな生活や社会を創造していく態度を養う。

①　生成し　　②　造形的　　③　感性　　④　生み出し
⑤　美術的　　⑥　想像力

問2　次の記述は，[第4　美術Ⅰ]の「2　内容」の〔共通事項〕(1)で
ある。[　1　]，[　2　]に当てはまるものとして最も適切なものを，
下の①～⑥のうちからそれぞれ選びなさい。

(1)　「A表現」及び「B鑑賞」の指導を通して，次の事項を身に付
けることができるよう指導する。

ア　造形の[　1　]の働きを理解すること。

イ　造形的な特徴などを基に，全体の[　2　]や作風，様式などで
捉えることを理解すること。

①　イメージ　　②　画風　　③　印象　　④　構造　　⑤　要素
⑥　特徴

問3　「第4　美術Ⅰ」の「2　内容」の〔A表現(2)デザイン　イ(イ)」の
記述として最も適切なものを，次の①～④のうちから選びなさい。

①　目的や機能との調和の取れた洗練された美しさなどを感じ取
り，作者の心情や意図と創造的な表現の工夫などについて考え，
見方や感じ方を深めること。

②　デザインの機能や効果，表現形式の特性などについて考え，創
造的な表現の構想を練ること。

③　表現方法を創意工夫し，主題を追求して創造的に表すこと。

④　表現方法を創意工夫し，目的や計画を基に創造的に表すこと。

(☆☆☆◎◎◎)

解答・解説

【中高共通】

【1】問1　②　　問2　1　④　　2　③　　問3　②　　問4　③

〈解説〉問1　『新定画帖』は，明治35年に文部省が設けた「普通教育に於ける図画取調委員会」の委員である正木直彦，白浜徴，小山正太郎ほかによって編纂された。最大の特徴は，それまでの臨画一辺倒の図画教育から脱却し，児童の学齢(精神的発達)を考慮して教材を配分・組織して提示し(記憶画は低学年，写生画は高学年など)，それに基づいた指導体系の確立を図った点にあるとされている。　問2　ア　北川民次は久保貞次郎らとともに「創造美育協会(創美)」という民間教育研究団体を創立した中心人物であり，他の著作に『美術教育とユートピア　北川民次美術教育論集』(1969年)などがある。　イ　山本鼎は『自由画教育』(1921年)を著し，従来の臨画主義の図画教育と異なる，創造主義，個性主義，児童中心主義的な図画教育の在り方を提示した。問3　ヴィクター・ローウェンフェルドは子どもの創造活動の変化を発達段階にまとめるとともに，創造活動のタイプを分類し(視覚型と触覚型)，個に応じた指導の必要性を説いた。『美術による人間形成』を主著に持つ。　問4　対話型鑑賞では，進行役が参加者に対してYESかNOか答えられるような質問ではなく，目の前にある作品の中にその答えを見つけられるように質問することが肝要とされる。参加者が発言を続けていくことで自分の考えをまとめ，作品の意味を見つけていくことができる手助けをするのが，役割である。またこの方法により，作品を注意深く観察する→人の発言に耳を傾ける→自他の意見を比較・分析することにより自分の考えを客観化するなど，論理的に思考する能力が身につくようになる，とも考えられている。

【2】問1　人物…⑤　　技法…①　　問2　語句…⑤　　図版…①　　問3　語句…①　　説明文…②　　問4　③　　問5　⑥　　問6　②

〈解説〉問1　図版の作品は，ジョット・ディ・ボンドーネによる「ユダの接吻」である。フレスコ画はポンペイの壁画やシスティーナ礼拝堂のミケランジェロによる「天地創造」や「最後の審判」などで知られる壁画の技法である。フレスコの代表的な技法は，石灰モルタルを薄く壁に塗り，生乾きのうちにその上に水で溶いた顔料で絵を描くというものである。壁が濡れている間に絵を描き上げなくてはならないため，計画的な手際のよさが求められる。　問2　遠近法とは，三次元の空間と立体を，絵画などの二次元平面上で視覚的に再現する際の方法であり，時代や地域などにより様々なものがある。なかでも西洋近世に特徴的な方法とされるのが「線遠近法(透視図法)」であり，イタリア・ルネサンスで開発され，17～18世紀に完成された。この線遠近法とは，端的には水平線と消失点を決めて描くことで遠近感を出す方法であり，消失点が水辺線上の一点に集まる図法のことを一点透視図法，一本の水平線の両端に二つの消失点を持つ図法のことを二点透視図法，二点透視図法の消失点の上(または下)に三つ目の消失点を持つ図法のことを三点透視図法という。代表的な作例として一点透視図法に対応する作品は図版肢①のレオナルド・ダ・ヴィンチによる「最後の晩餐」が有名であり，以下，二点透視図法では図版肢③のフィンセント・ファン・ゴッホによる「黄色い家」(1888年)，三点透視図法では図版肢②のM.Cエッシャーによる「バベルの塔」(1928年)が有名であると言えよう。　問3　バロックの美術は，ルネサンスの美術の伝統を受け継いでいるとされているが，より強い表現効果を求め，強い色彩や明暗の対比，曲線や激しい動きによる表現が主な特徴である。図版はレンブラントによる「夜警」(1642年)である。　問4　ア　リトグラフなどに代表される，平らな面にインクがつく面とつかない面をつくり刷りとる平版技法である。　イ　版の凸部にインクをつけそれを刷りとる凸版技法である。　ウ　ドライポイントやエッチングなどに代表される，版の凹部にインクをつめ不要なインクをふき取りプレス機で刷りとる凹版技法である。　エ　シルクスクリーンやステンシルなどに代表される，版面にインクが通り抜ける部分と通り抜けない

部分とをつくり，インクが通り抜ける部分を通して紙面にインクを刷り込んでいく仕組みを利用した孔版技法である。　問5　ジャクソン・ポロックは，抽象表現主義(第2次世界大戦後のニューヨークを中心として展開された抽象絵画の動向の総称)を先導した代表的な画家で，その画法はアクション・ペインティングと呼ばれている。図版の作品は「収斂」(1952年)である。ドリッピングとは，モダンテクニックの一つで，多めの水で溶いた絵の具を筆に含み，画面にたらし，それの色を変えるなどして繰り返していく技法のことである。

問6　未来派とは，20世紀初頭にイタリアで生まれた芸術運動で，機械化によって実現された近代社会のダイナミックさとスピード感が特徴である。②はウンベルト・ボッチョーニによる「空間の中の一つの連続する形」(1913年)であり，連続する運動やその残像を形に表そうとしたと言われる。

【3】問1　1　②　　2　⑧　　問2　②　　問3　④　　問4　⑦
　　問5　③　　問6　ア　④　　イ　⑥　　問7　④
〈解説〉問1　光には粒子と波の性質があり，光を波としてみた場合，波の山から山または谷から谷までの距離を波長と呼ぶ。この光は波長により分類され，波長が380nm～780nmの光は，人間の目が認識することができる可視光線と呼ばれる。波長が380nmより短い光は紫外線，波長が780nmより長い光は赤外線と呼ばれ，人間の目では認識することはできない。また分光とは様々な波長が含まれている光を波長成分に分けることで，プリズムがその例として挙げられることが多い。プリズムは，プリズム内の波長による屈折率の差を利用して光を分光しており，波長が短くなるに従い屈折率が大きくなり，光が曲がる角度(屈折角)が大きくなる。　問2　剣持勇は，ジャパニーズモダンと呼ばれるデザインの基盤をつくったデザイナーの一人で，図版の作品は，剣持が1960年にホテルニュージャパンのラウンジの為にデザインしたラウンジチェアである。1964年には日本の家具として初めてニューヨーク近代美術館(MoMA)のパーマネントコレクションに加えられた。

問3　ヘルプマークとは，東京都福祉保健局によって作成されたマークで，義足や人工関節を使用している方，内部障害や難病の方，または妊娠初期の方など，外見から分からなくても援助や配慮を必要としている方々が，周囲の方に配慮を必要としていることを知らせることで，援助を得やすくなるよう，作成された。　問4　ア　片切り彫りとは切り出しで仕切り(切り込み)を入れ(約60°)，逆方向から平刀や丸刀や三角刀などで斜めに彫る(約30°)という技法のこと。　イ　菱彫りとは菱合い彫りとも呼ばれ，切り出しで模様の線の内側を仕切り，中央からその線に向かって斜めに彫り中央に三角の山をつくり出すという技法。　ウ　石目彫りとは大きめの丸刀の刃の丸みで模様をつける技法。彫った形がお城の石垣のように見えることからこの名がついたという。　エ　薬研彫りとは，切り出しで中央に仕切りを入れ，平刀や丸刀で仕切りに向かって両側から斜めに彫る技法である。　オ　かまぼこ彫りとは仕切り線に対して片面を削るようになだらかに掘り下げ，または浮き彫りでできた形の中央の山を丸く削るという技法である。　カ　浮き彫りとは三角刀で線彫りし，その上から仕切りを入れ，片切り彫りで彫り出すという技法のことである。　問5　図版の作品は，イサム・ノグチによる「ブラック・スライド・マントラ」で，札幌市の大通公園に設置されている。　問6　図版アはエミール・ガレによる「ひとよ茸ランプ」(1900〜1904年)，イはアルフォンス・ミュシャによる「ジスモンダ」(1894年)である。　問7　ア　「二風谷アットゥシ」(北海道沙流郡平取町)である。アットゥシは，オヒョウなどの樹皮の繊維で織られる織物で，アイヌの伝統的な衣服として着用されてきた。　イ　「琉球びんがた」(沖縄県首里市周辺)という染め物である。その起源は14世紀から15世紀の琉球王朝時代にまで遡り，王族や士族などの女性が礼装として着用していたとされる。　ウ　「江戸切子」(東京都)である。江戸時代末期である1834年頃生まれたとされる江戸切子は，明治期にはイギリスから指導者を招いて現代に伝わる技法を確立させ，大正期にはガラス素材の研究や研磨の技法を確立させるなどして，品質の向上を図ってきた。　エ　「備前焼」(岡山県)である。

日本六古窯のひとつに数えられる焼き物で，最大の特色は焼成法にあり，成形した素地に釉薬を掛けずに窯詰めし，長期間(7～12日間)窯焚きし続ける。　オ　「曲げわっぱ」(秋田県大館市)である。江戸時代，当時の大館城主佐竹西家が，領内の豊富な森林資源を利用して窮乏を打開するため，下級武士たちに副業として製作を奨励したことが起源とされている。

【4】問1　人物…①　　時代…③　　問2　仏像…④　　寺院…②
　問3　④　　問4　建築…⑤　　様式…⑥　　問5　④　　問6　⑤
〈解説〉問1　図版は雪舟による「天橋立図」(16世紀，室町時代)である。
　問2　三面六臂(顔が3つ，腕が6本)の姿をした「阿修羅像」(奈良時代)で，奈良県の興福寺に安置されている。　問3　図版は野々村仁清による「色絵吉野山図茶壺」(17世紀，江戸時代)である。野々村仁清は，蒔絵のように優美な色絵陶器で知られ，京焼の大成者と言われる。
　問4　「円覚寺舎利殿」に用いられている禅宗様は，鎌倉時代に宋から禅宗とともに伝わった仏教建築様式で，唐様とも言われる。軒の反りが大きく，屋根の勾配が急である。意匠としては垂直性が強いとも言われる。　問5　鶴岡政男による「重い手」(1949年)である。鶴岡政男は昭和時代に活躍した群馬県出身の画家で，戦争体験や生活の困窮の中で，人間の根源を独自の画風で追求した。　問6　亀倉雄策は新潟県出身のグラフィックデザイナーで，日本グラフィックデザイナー協会の初代会長を務めた。グッドデザイン賞や，NTT，フジテレビ等有名企業のロゴマークを制作したことでも知られる。

【5】問1　作者がドナテルロであるもの…④　　胸像であるもの…③
　問2　ア　④　　イ　②　　問3　③　　問4　②　　問5　①
　問6　②　　問7　⑤
〈解説〉問1　ドナテルロはルネサンス初期に活躍したフィレンツェの彫刻家である。図版④は，フィレンツェのオル・サン・ミケーレ教会の装飾用に作られた2体の大理石像のうちの1体「聖ゲオルギウス(ジョル

ジョ)」を基にしている。図版③は，ミケランジェロ・ブオナローティ制作の胸像「ブルータス」の石膏像である。他の図版は全身像の一部をカットして作られた石膏像であるが，この作品だけはもともと胸像として作られたもの。　問2　ア　マルセル・ブロイヤーは自転車の構造からヒントを得て「ワシリー・チェア」(1925年)を考案したと言われる。　イ　「アーロン・チェア」は，ハーマンミラー社のデザイナー，ビル・スタンフとドン・チャドウィックにより1994年に考案され，その後2016年に再デザイン(リマスター)された。　問3　正答肢③は「ノートルダム大聖堂」である。①は「タージ・マハル」，②は「ウエストミンスター寺院」，④は「アヤ・ソフィア」，⑤は「万里の長城」，⑥は「聖ワシリイ大聖堂」である。　問4　②はクロード・モネによる「ルーアン大聖堂」の連作の一つである。　問5　①は，ジョージア・オキーフによる「オリエンタル・ポピー」(1928年)である。オキーフはアメリカにおける20世紀の抽象画家として知られ，花，風景，動物の骨などをモチーフとした作品が多い。　問6　設題にある画家は，ノーマン・ロックウェルである。アメリカ市民の生活の哀歓を描いた画家として知られる。　問7　⑤は，ロココ様式時代のフランスの画家ジャン・シメオン・シャルダンによる「銀のゴブレットとリンゴ」(1768年)である。

【中学校】

【1】問1　1　⑤　　2　④　　3　②　　問2　1　⑥　　2　③　　問3　①

〈解説〉中学校学習指導要領解説　美術編(平成29年7月)の「第1章　総説」内の「2　美術科改訂の趣旨と要点　(2)　改訂の要点」では，美術科における具体的な方向性に基づいて，以下の目標及び内容の改善が図られている。すでに各所で繰り返し指摘されてきていることであるが，特に教科の目標については「美術は何を学ぶ教科なのかということを明示し，感性や想像力を働かせ，造形的な視点を豊かにもち，生活や社会の中の美術や美術文化と豊かに関わる資質・能力を育成すること

を一層重視する。そのため，育成を目指す資質・能力を明確にし，生徒の発達の段階や特性等を踏まえつつ，(1)『知識及び技能』，(2)『思考力，判断力，表現力等』，(3)『学びに向かう力，人間性等』の三つの柱で整理し，これらが実現できるよう以下のように目標を示した」とされているように，いわゆるコンテンツ・ベースではなくコンピテンシー・ベースすなわち育成したい資質・能力の観点から整理されていると言えよう。しかもこれら(1)～(3)の目標に示された資質・能力については，いわゆるアクティブ・ラーニングの展開過程において相互に関連させながら育成されることが目指されていると言えるものでもある。なお，目標における冒頭の部分は総括的なことが書かれている柱書きといわれる。つまりここでは「表現及び鑑賞の幅広い活動を通して造形的な見方・考え方を働かせ」をポイントとして，以下(1)～(3)にみる「どのような資質・能力を育成するのか」が書かれている。また，アクティブ・ラーニング実践の鍵になるのは各教科における「見方・考え方」であるといわれるが，この冒頭にも出てくる美術科における「見方・考え方」とは「表現及び鑑賞の活動を通して，よさや美しさなどの価値や心情などを感じ取る力である感性や，想像力を働かせ，対象や事象を造形的な視点で捉え，自分としての意味や価値をつくりだすこと」とされている。この「見方・考え方」を十分に働かせるようにしながら，三つの柱に整理された資質・能力を育んでいくことが目指されている。なお，目標を内容との関連でみてみると，「知識」については〔共通事項〕，「技能」は「Ａ　表現」(2)の指導事項に位置付けられており，「思考力，判断力，表現力等」は「Ａ　表現」(1)及び「Ｂ　鑑賞」(1)の指導事項に，「学びに向かう力，人間性等」は「Ａ　表現」「Ｂ　鑑賞」及び〔共通事項〕を指導する中で一体的，総合的に育成していくものとされている。こうした整理・変更に伴い，用いられている文言にも変更・加筆がみられるので，要所をきちんと押さえておくことも大切である。

【高等学校】

【１】問1　1　②　　2　①　　3　③　　問2　1　⑤　　2　①

　　問3　④

〈解説〉高等学校学習指導要領(平成30年3月告示)における「第2章　各学科に共通する各教科　第7節　芸術　第2款　各科目　第4　美術Ⅰ」の内容に係る出題である。今改訂では，学習指導要領の目標及び内容ともに，いわゆるコンテンツ・ベースではなく，コンピテンシー・ベースすなわち育成したい資質・能力の観点から整理されているとされ，(1)〜(3)の目標(それぞれ(1)「知識及び技能」，(2)「思考力，判断力，表現力等」，(3)「学びに向かう力，人間性等」を示している。また今改訂より〔共通事項〕が新設された)に示された資質・能力については，いわゆるアクティブ・ラーニングの展開過程において相互に関連させながら育成されることが目指されていると言える。なお，目標における冒頭の部分は総括的なことが書かれている柱書きと言われる。つまりここでは，美術の幅広い創造活動を通した「造形的な見方・考え方」の働きをポイントとして，以下(1)〜(3)にみる「どのような資質・能力を育成するのか」が書かれている。また，アクティブ・ラーニング実践の鍵になるのは各教科における「見方・考え方」であると言われるが，美術科における「見方・考え方」とは「表現及び鑑賞の活動を通して，感性や美意識，想像力を働かせ，対象や事象を造形的な視点で捉え，自分としての意味や価値をつくりだすこと」とされている。この「見方・考え方」を十分に働かせるようにしながら，三つの柱に整理された資質・能力を育んでいくことが目指されている。また「2　内容」の「A　表現」，「B　鑑賞」についても同様の視点(資質・能力を相互に関連させながら育成できるようにするという視点)から整理されている。学習指導要領については，同解説を併読しながら，改訂前後のそれぞれの文言等にも留意し，今改訂の意義や意味についてきちんと押さえておきたい。

2020年度　実施問題

【中高共通】

【1】美術教育について，次の各問いに答えなさい。

問1　次の美術教育に関する著書ア～カと，人物名a～fの組合せとして最も適切なものを，下の組合せ①～⑥のうちから選びなさい。

　　また，著書アの内容として最も適切なものを，あとの内容①～④のうちから選びなさい。

著書

ア　児童画の発達過程　　　イ　美術による人間形成
ウ　美術教育と子どもの知的発達　エ　図画教育論
オ　芸術による教育　　　　カ　構成教育大系

人物名

a　アイスナー　　b　ケロッグ　　c　川喜田煉七郎と武井勝雄
d　リード　　　　e　岸田劉生　　f　ローウェンフェルド

組合せ

	ア	イ	ウ	エ	オ	カ
①	a	b	f	d	e	c
②	f	a	b	c	d	e
③	b	f	a	e	d	c
④	b	c	f	a	e	d
⑤	c	d	e	f	b	a
⑥	b	c	d	e	f	a

内容

①　創造活動のタイプを視覚型，触覚型に分類し，個に応じた指導の必要性を説いた。
②　児童の絵画を100万枚以上集め，分析し，共通性を発見した。
③　美術や絵によって真の徳育を施すという図画教育徳育論を打ち出した。
④　バウハウスでの教育内容や筆者の行った教育についてまとめた。

問2　次の図版は，明治時代に川上寛が翻訳した教科書の挿絵である。
その教科書名として最も適切なものを，下の語群①～⑤のうちから
選びなさい。

図版

語群

①　図法階梯　　　②　エノホン　　　③　新定画帖
④　帝国毛筆新画帖　　⑤　西画指南

(☆☆◎◎◎)

【2】感じ取ったことや考えたことを基にして表現する活動に関して，次
の各問いに答えなさい。

問1　次の記述は，20世紀の芸術運動について述べたものである。
[　1　]に当てはまる語句として最も適切なものを，後の語群①～⑥
のうちから選びなさい。

また，[　2　]，[　3　]に当てはまる作家として最も適切なもの
を，あとの人物名①～⑧のうちから選びなさい。

[　1　]は20世紀初め，ピカソと[　2　]を中心に始められた芸術
運動である。それは，従来のようにモチーフをそのまま描くのでは
なく，いったんそれを分解し，幾何学的な形に戻してから組み立て
るというものだ。

それまでの絵画は自然の印象を主にテーマとしてきたが，[　3　]
は，色や形という絵画の要素にこそ価値があるとして秩序ある空間
構成によって再構築し，これまでの考え方を変えた。この考え方が
ピカソと[　2　]に影響を与え，[　1　]の作品を生み出すこととな
った。

語群

① シュルレアリスム　② フォーヴィスム　③ アカデミズム
④ キュビスム　　　　⑤ ミニマリズム　　⑥ ダダイスム

人物名

① ワイエス　② ブラック　③ ダリ　④ シャガール
⑤ ゴーギャン　⑥ セザンヌ　⑦ スーラ　⑧ マネ

問2　次のア～ウは，彫刻作品について作家が述べた言葉や解説である。ア～ウに当てはまる作家の組合せとして最も適切なものを，後の組合せ①～⑨のうちから選びなさい。

　また，下線部を示す言葉として最も適切なものを，後の語群①～⑤のうちから選びなさい。

ア　作者は，「軽いと同時に重く，鋭くてしかも膨らみをもち，やさしくて同時に激しい，そういうものができなければならない。実際の顔はそうなのだから。」とした。フランスに留学中の哲学者，矢内原伊作は，モデルを引き受け，描いては消し，作っては壊し，無我夢中で制作に没頭する作者と向き合った。

イ　作者は，「石の中にはすでに潜在的にその像は内包されており，芸術家の手によって余計なものを取り去られ自由になるのを待っている。」とした。古代ギリシャ彫刻の研究から学びとったポーズによる作品は，動感にあふれたものとなっている。

ウ　作者は，「知性はデッサンする。だが肉づけするのは心なのだ。」とし，人間の苦悩や喜び，祈りや絶望を，生命感に満ちた人体の造形を通して表現し，その人体像は近代の彫刻に大きな影響を与えた。

組合せ

	ア	イ	ウ
①	ミケランジェロ	ムーア	ジャコメッティ
②	ジャコメッティ	ロダン	ミケランジェロ
③	ブランクーシ	ロダン	ムーア
④	ロダン	ジャコメッティ	ブランクーシ
⑤	ジャコメッティ	ミケランジェロ	ロダン
⑥	ミケランジェロ	ジャコメッティ	ムーア
⑦	ムーア	ミケランジェロ	ブランクーシ
⑧	ブランクーシ	ムーア	ロダン
⑨	ロダン	ブランクーシ	ジャコメッティ

語群

① シノワズリ　　② スタビル　　③ コントラポスト

④ オーダー　　　⑤ キアロスクーロ

問3　次の記述は，レオナルド・ダ・ヴィンチが制作した「最後の晩餐」(1495‐98年頃)について述べたものである。[　ア　]～[　ウ　]に当てはまる語句の組合せとして最も適切なものを，後の組合せ①～⑧のうちからそれぞれ選びなさい。

　本来，当時の壁画技法は[　ア　]である。[　ア　]とは，壁に漆喰を塗り，それが乾き切らないうちに水で溶いた顔料を染み込ませるように描く技法であり，漆喰が乾けば顔料と壁は一体となる。しかし，絵画技法において意欲的に実験を繰り返していたレオナルドは，ぼかしやリアルな質感表現を求め，その実践として卵を用いる[　イ　]と，[　ウ　]の混合技法を用いて壁に描いた。そのことにより，壁に染み込まずただ乗っているだけの顔料は，湿気等によって徐々にはがれ始め，第二次世界大戦での爆撃や加筆なども加わり修復を余儀なくされた。

組合せ

	ア	イ	ウ
①	エンカウスト	フレスコ	油彩
②	エンカウスト	油彩	テンペラ
③	フレスコ	テンペラ	油彩
④	フレスコ	エンカウスト	テンペラ
⑤	油彩	フレスコ	エンカウスト
⑥	油彩	テンペラ	エンカウスト
⑦	テンペラ	エンカウスト	フレスコ
⑧	テンペラ	油彩	フレスコ

問4　次のア～エは，版画の技法について述べたものである。技法の組合せとして最も適切なものを，下の組合せ①～⑨のうちから選びなさい。

　また，ア，ウの技法を使用した作品を，後の図版①～⑥のうちからそれぞれ選びなさい。

ア　水と油の反発を利用して，平らな版で刷る版画である。

イ　日本への導入当初は西洋木版とも言われた。ツゲやツバキなどの堅い木を輪切りにした断面を使用して彫る。

ウ　床材によく用いられる樹脂の板を木版画と同じように彫って版を作る。木よりも柔らかく，彫りやすい。

エ　枠に張った絹やナイロンなどに図版を謄写したり，直接マスキングの塗料を塗ったりして製版する。

組合せ

	ア	イ	ウ	エ
①	リトグラフ	板目木版	リノカット	シルクスクリーン
②	リトグラフ	板目木版	シルクスクリーン	リノカット
③	シルクスクリーン	板目木版	リトグラフ	リノカット
④	リノカット	板目木版	シルクスクリーン	リトグラフ
⑤	リトグラフ	木口木版	リノカット	シルクスクリーン
⑥	シルクスクリーン	木口木版	リノカット	リトグラフ
⑦	シルクスクリーン	木口木版	リトグラフ	リノカット
⑧	リノカット	木口木版	シルクスクリーン	リトグラフ
⑨	リノカット	木口木版	リトグラフ	シルクスクリーン

図版

①

②

③

④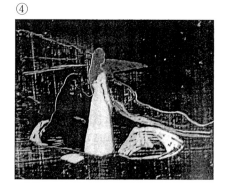

⑤ 　⑥

問5　次の図版は，マックス・エルンストの作品「雨後のヨーロッパ Ⅱ」である。この作品に使用されている独特なマチエールを生み出す主な技法として最も適切なものを，下の語群①〜⑥のうちから選びなさい。

図版

語群

①　デカルコマニー　　　　　　　　②　フロッタージュ
③　アクション・ペインティング　　④　コラージュ
⑤　アッサンブラージュ　　　　　　⑥　ドリッピング

(☆☆☆◎◎◎)

【3】伝える，使うなどの目的や機能を基にして表現する活動に関して，次の各問いに答えなさい。
問1　色彩に関する記述として最も適切なものを，次の①〜④のうち

から選びなさい。

① 色覚には多様性があり，カラーユニバーサルデザインの考え方では，赤と緑は区別しやすい組合せの配色の例として推奨されている。

② 色相を寒色系・暖色系に分けた場合，鴇色は寒色系の色として，新橋色は暖色系の色として，例にあげることができる。

③ 色相の同化(現象)として，「赤いネットに入ったみかんは実際の色よりネットの色に近づいて見える。」という事例があげられる。

④ 色の三属性のうち，軽さや重さといったイメージは，彩度の違いによる影響が最も大きい。

問2　次の記述は，造形の秩序に関するものである。[　ア　]～[　エ　]に当てはまる語句の組合せとして最も適切なものを，下の組合せ①～⑥のうちから選びなさい。

　美しさをはかる尺度は文化や社会，個人により様々である。しかし，事物に統一感や調和が見られる場合には，多くの人が美しさを感じる。統一感や調和は，造形の要素を一定の秩序に基づいて配置することで表すことができる。その秩序を造形(構成)の秩序と呼び，配置にはさまざまな法則が存在する。

　配置の法則には，配置や面積比，配色によって一部分を強調し，視覚的に引き付ける[　ア　]，同じ形やモチーフを繰り返す[　イ　]，上下左右に同じ形を置く[　ウ　]，形や色が連続的・段階的に変化する[　エ　]などがある。

組合せ

	ア	イ	ウ	エ
①	リピティション	グラデーション	シンメトリー	アクセント
②	コントラスト	グラデーション	アシンメトリー	リピティション
③	アクセント	リピティション	シンメトリー	グラデーション
④	コントラスト	グラデーション	アシンメトリー	アクセント
⑤	アクセント	リピティション	シンメトリー	コントラスト
⑥	グラデーション	リピティション	アシンメトリー	コントラスト

問3　次の作品は，詩集「声のために」である。この本をデザインした人物が中心となっていた芸術運動として最も適切なものを，後の

語群①～⑤のうちから選びなさい。

　また，この人物の作品として最も適切なものを，下の図版①～④
のうちから選びなさい。

作品

語群

① ポストモダン　　② ウィーン分離派

③ アール・デコ　　④ アール・ヌーヴォー

⑤ ロシア構成主義

図版

①

②

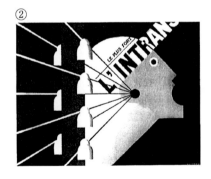

③　　　　　　　　　　　④

問4　木材の性質についての記述として最も適切なものを，次の①～
④のうちから選びなさい。

①　木の板には「板目板」や「柾目板」等があり，板目板の方が
乾燥による収縮や反りが少ない。

②　木の種類を大きく分けると針葉樹と広葉樹に分けられるが，
比較的軽く柔らかいものは広葉樹の木材である。

③　桐は密度が高く重いため水に沈む。仏壇などに使用される。

④　山桜はかたく木目が細かいため，浮世絵の版木に使われた。

問5　次の図版は，江戸時代に活躍した尾形光琳による作品である。
この作品で使用されている技法の一つとして最も適切なものを，後
の語群①～⑥のうちから選びなさい。

　　　　図版

語群

① 螺鈿　　② 有線七宝　　③ 雲母摺　　④ 板づくり

⑤ 紅型　　⑥ 切子

問6　次の図版は，東日本大震災の後に発案し作られた，移動式コンサートホールの様子である。このホールのデザインをした二人の人物として最も適切なものを，下の人物名①〜④のうちから選びなさい。

図版

人物名

① 荒川修作とマドリン・ギンズ

② 磯崎新とアニッシュ・カプーア

③ 妹島和世と西沢立衛

④ レンゾ・ピアノとリチャード・ロジャース

問7　次の記述は，アニメーションについて述べたものである。[　　]に当てはまる語句として最も適切なものを，後の語群①〜④のうちから選びなさい。

　アニメーションは，少しずつ変化する画像を連続して見せることで，絵が動いているかのように見せる技術である。連続した絵を

次々とめくっていくことでアニメーションが生じる「パラパラ漫画」や，10〜16等分程度に分割された円盤に連続する図案を描き，回転させ，裏面から細い穴越しに鏡に映った図案を見ると動いて見える「[　　]」など，さまざまなしくみがある。

語群

① フェナキストスコープ　　② シネマトグラフ

③ カメラ・オブスクラ　　④ ソーマトロープ

問8　次の記述は，日本の焼き物について述べたものである。[　1　]，[　2　]に当てはまる語句として最も適切なものを，下の語群①〜⑥のうちからそれぞれ選びなさい。

　焼き物は大きく分類すると，土器，陶器，炻器，磁器に分けられる。土器は，低火度で焼成したものであり，吸水性がある。埴輪などがこれにあたる。陶器は，比較的高温で焼成し，吸水性があるので，釉薬をかけることが多い。代表的なものに唐津焼などがある。炻器は，釉薬をかけずに高温で焼き締めたものであり，素地は緻密で吸水性はほとんどない。代表的なものに，備前焼などがある。磁器は，陶器よりも[　1　]で焼成され，白色で透光性があり，素地が緻密で吸水性がないのが特徴である。[　2　]，九谷焼などが代表的である。

語群

① 低温　② 高温　③ 常滑焼　④ 益子焼　⑤ 萩焼

⑥ 有田焼

(☆☆☆◎◎◎)

【4】日本の美術について，次の各問いに答えなさい。

問1　次の記述は，仏教美術について述べたものであり，図版は記述が説明する作品である。[　　]に当てはまる技法として最も適切なものを，後の語群①〜⑤のうちから選びなさい。

　すぐれた写実表現を達成した天平彫刻は，実在の人物の風貌を写した肖像彫刻においても重要な展開をみせている。8世紀につくら

れたと記録され，日本最古の肖像彫刻とされる唐招提寺の鑑真和上
坐像は，気品ある美しさを備えた写実的な表現で，[　　]の技法で
仕上げられている。

図版

語群

①　塑造　　②　一木造　　③　寄木造　　④　乾漆造
⑤　鋳造

問2　次の記述は，平安時代に描かれた絵巻について述べたものであ
る。また下の図版はこの絵巻の一部である。絵巻の名称として最も
適切なものを，後の語群①〜⑤のうちから選びなさい。

　この絵巻の原本は実際の事件から約300年後，後白河法皇が常磐
光長に描かせたものとされる。燃えさかる炎や黒煙の迫力，人物の
生き生きとした表情が特徴的である。

図版

語群

① 源氏物語絵巻　　② 信貴山縁起絵巻　　③ 伴大納言絵巻
④ 法然上人伝絵巻　　⑤ 平治物語絵巻

問3　次の記述は，ジャポニスム(日本趣味)について述べたものである。下の図版イの作品に影響を与えたと考えられる図版アの作品の作者として最も適切なものを，下の人物名①～⑤のうちから選びなさい。

　　1800年代半ばの開国とともに，大量の日本の美術工芸品がヨーロッパに流出する。それらは当初，異国の文化への物珍しさから愛好されたが，やがてその造形的な特徴が注目され，画家や工芸家に影響を与えるようになる。

図版

ア　　　　　　　　　　　　　　　イ(エミール・ガレ作)

人物名

① 歌川広重　　② 歌川国芳　　③ 歌川国貞
④ 東洲斎写楽　　⑤ 葛飾北斎

問4　次の記述は，日本の伝統文様「七宝」，「麻の葉」について述べたものである。「七宝」，「麻の葉」が表す文様として最も適切なものを，後の図版①～⑥のうちからそれぞれ選びなさい。

「七宝」

　「七宝」とは，本来仏教に由来する七つの宝物を意味する語であ

る。形が円満を表すためか吉祥文様として用いられており，宝尽くし(宝袋，打ち出の小槌など様々なおめでたいものを集めた文様)の中にも見られる。

「麻の葉」

　幾何学模様で，植物の麻の葉に見立てて名付けられた。着物や布地の文様として広く用いられている。成長が早く，まっすぐ伸びる麻のイメージから，縁起物として子どもの産着に用いる風習があったという。

図版

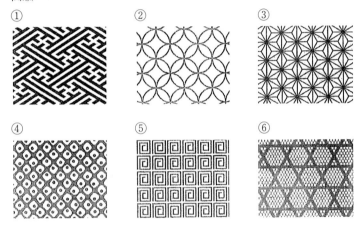

問5　次の記述は，下の図版の陶芸作品について述べたものである。作品の作者として最も適切なものを，後の人物名①～⑥のうちから選びなさい。

　鉢の正面には，大小二匹の渡り蟹がほとんど実物大で，甲羅や手足のまだら模様，形などがきわめて写実的に表現され，取りつけられている。

図版

人物名

① 並河靖之　　② 柴田是真　　③ 松田権六

④ 正阿弥勝義　⑤ 河井寛次郎　⑥ 宮川香山

問6　次の記述は，近代の建築について述べたものである。辰野金吾が設計した建築物として最も適切なものを，下の図版①～⑤のうちから選びなさい。

　　この時代，ジョサイア・コンドルや彼の教え子である片山東熊，辰野金吾，曾禰達蔵といった人々が次々と新しい建造物を設計している。彼らはそれぞれ独自のスタイルによって都市景観を作り出していた。

図版

①　　　　　　　　　　　　　　②

③

④

⑤

問7　次の図版は，戦争に関連して描かれた作品である。藤田嗣治が
　　戦時中に発表した作品として最も適切なものを，図版①～⑤のうち
　　から選びなさい。

図版
①

②

177

④

③

⑤

問8　次の記述は，後の図版を説明したものである。文中の[　　]に当てはまる人物として最も適切なものを，後の人物名①～⑥のうちから選びなさい。

　上に入り口があったであろう階段。入り口がなくなり昇って降りるだけの階段を発見した[　　]らは「役立たないけれど純粋に階段」として芸術的価値を見いだした。

図版

人物名

① 篠原有司男　　② 高松次郎　　③ 木村恒久

④ 赤瀬川原平　　⑤ 勅使河原蒼風　　⑥ 大竹伸朗

問9　次の記述は，下の図版の作者の言葉である。図版の作者として
最も適切なものを，後の人物名①～⑤のうちから選びなさい。

　「昔から，街を眺めるのが好きでしたね。見ていると，何気ない
風景が映画のセットみたいだなと思える瞬間があって。そういう，
どこかバーチャルな感覚を表現したいといつも思っていたんです。」

図版

人物名

① 川内倫子　　② 本城直季　　③ 植田正治

④ 栗林慧　　　⑤ 星野道夫

(☆☆☆◎◎◎)

【5】世界の美術について，次の各問いに答えなさい。

問1　次の記述は，シュルレアリスムの作家について述べたものである。[　　]に当てはまる人物として最も適切なものを，後の人物名①〜⑥のうちから選びなさい。

また，下線部の方法を用いて制作した作品として最も適切なものを，後の図版①〜⑤のうちから選びなさい。

「ナルシスの変貌」はシュルレアリストとしての[　　]の功績の最高峰である。[　　]自身もこの作品に自信を持っており，自分が開発した「偏執狂的批判的方法」の最高傑作だとしている。夢の意義についてのフロイトの著作は，[　　]の作品の様式と象徴的表現の

形成に深い影響を与えた。

人物名

① デルヴォー ② エルンスト ③ ダリ ④ タンギー

⑤ デュシャン ⑥ マグリット

図版

① ② ③

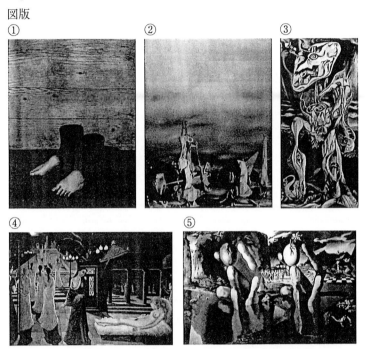

④ ⑤

問2 次の組合せは，美術の様式や主義を古いものから新しいものの順に並べたものである。最も適切なものを，組合せ①〜⑥のうちから選びなさい。

また，後の図版のうち，一番新しい様式や主義の作品として最も適切なものを，図版①〜⑤のうちから選びなさい。

組合せ

	古い		→		新しい
①	バロック	ロマン主義	ロココ	レアリスム	新古典主義
②	新古典主義	バロック	レアリスム	ロマン主義	ロココ
③	レアリスム	新古典主義	ロココ	バロック	ロマン主義
④	バロック	ロココ	新古典主義	ロマン主義	レアリスム
⑤	ロココ	バロック	レアリスム	新古典主義	ロマン主義
⑥	バロック	新古典主義	ロココ	ロマン主義	レアリスム

図版

問3　次の記述は，ある作家について述べたものである。[　1　]に当てはまる国名として最も適切なものを，下の国名①～⑥のうちから選びなさい。

　また，[　2　]に当てはまる人物として最も適切なものを，下の人物名①～⑥のうちから選びなさい。

　1937年，[　1　]の小さな町が，ナチス・ドイツ軍に無差別に爆撃された。多くの人々が亡くなったことに対する抗議として，[　2　]は，壁画を制作した。

国名

①　ポーランド　　②　ベルギー　　③　オランダ

④　ポルトガル　　⑤　スペイン　　⑥　オーストリア

人物名

①　ポロック　　②　デ・キリコ　　③　ブラック

④　クリムト　　⑤　マティス　　⑥　ピカソ

問4　次の図版は，レンブラントの作品であり，下の記述は，レンブラントについて述べたものである。[　1　]に当てはまる語句として最も適切なものを，後の語群①～⑥のうちから選びなさい。

　また，[　2　]に当てはまる現在の国名として最も適切なものを，後の国名①～⑥のうちから選びなさい。

図版

　　レンブラントは，[　1　]世紀の[　2　]で最も活躍した画家である。絵具をいく重にも塗り重ねる独特の厚塗りの技法が，画面に輝くような効果を生み出している。この色彩こそ，レンブラントが晩年に描いた作品群の最も大きな特徴であり，没後も長く人々を魅了し続けている。

語群

①　14　　②　15　　③　16　　④　17　　⑤　18　　⑥　19

国名

①　フランス　　　②　ベルギー　　③　オランダ

④　ポルトガル　　⑤　スペイン　　⑥　イタリア

問5　次の記述は，ある作家について述べたものである。[　　　]に当てはまる人物名として最も適切なものを，下の人物名①～⑥のうちから選びなさい。

　　また，[　　　]の作品として適切ではないものを，後の図版①～④のうちから選びなさい。

　　今日では，絵画，彫刻，建築といったような伝統的分類では捉え切れない作品が数多く作られており，伝統的な美術の枠からはみ出た試みも少なくない。

　　例えば，「ランニング・フェンス」を制作した[　　　]は，建物や橋や時には自然そのものを包み込んでしまう作品を制作しており，絵画とも彫刻とも建築とも規定し難いものである。

人物名

①　ティンゲリー　　②　スミッソン　　③　フォンタナ

④　ライリー　　　　⑤　ヴァザルリ　　⑥　クリスト

図版

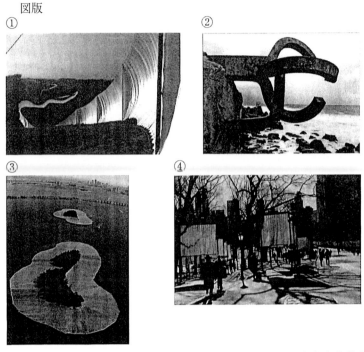

(☆☆☆◎◎◎)

【中学校】

【1】「中学校学習指導要領　第6節　美術(平成29年3月告示)」について，次の各問いに答えなさい。

問1　次の記述は，「第1　目標」である。[　1　]，[　2　]，[　3　]に当てはまるものとして最も適切なものを，後の①～⑥のうちからそれぞれ選びなさい。

　　表現及び鑑賞の幅広い活動を通して，造形的な見方・考え方を働かせ，[　1　]の中の美術や美術文化と豊かに関わる資質・能力を次のとおり育成することを目指す。

(1)　対象や事象を捉える造形的な視点について理解するとともに，表現方法を創意工夫し，[　2　]に表すことができるようにする。

(2)　造形的なよさや美しさ，表現の[　3　]，美術の働きなどについて考え，主題を生み出し豊かに発想し構想を練ったり，美術や美術文化に対する見方や感じ方を深めたりすることができるようにする。

(3)　美術の創造活動の喜びを味わい，美術を愛好する心情を育み，感性を豊かにし，心豊かな生活を創造していく態度を養い，豊かな情操を培う。

①　社会や環境　　②　生活や社会　　③　造形的
④　意味や価値　　⑤　創造的　　　　⑥　意図と工夫

問2　〔第1学年〕の「2　内容」の「A表現(1)」の記述として最も適切なものを次の①～④のうちから選びなさい。

①　対象や事象を深く見つめ感じ取ったことや考えたこと，夢，想像や感情などの心の世界などを基に主題を生み出し，単純化や省略，強調，材料の組合せなどを考え，創造的な構成を工夫し，心豊かに表現する構想を練ること。

②　材料や用具の特性などから制作の順序などを考えながら，見通しをもって表すこと。

③　構成や装飾の目的や条件などを基に，用いる場面や環境，社会との関わりなどから主題を生み出し，美的感覚を働かせて調和のとれた洗練された美しさなどを総合的に考え，表現の構想を練ること。

④　伝える目的や条件などを基に，伝える相手や内容などから主題を生み出し，分かりやすさと美しさなどとの調和を考え，表現の構想を練ること。

問3　次の記述は，「第3　指導計画の作成と内容の取扱い」である。[　1　]，[　2　]，[　3　]に当てはまるものとして最も適切なものを，後の①～⑥のうちからそれぞれ選びなさい。

2　第2の内容の取扱いについては，次の事項に配慮するものとする。

(1)　〔共通事項〕の指導に当たっては，生徒が[　1　]を豊かに捉える多様な視点をもてるように，以下の内容について配慮する

こと。

ア　〔共通事項〕のアの指導に当たっては，造形の要素などに着目して，次の事項を[　2　]に理解できるようにすること。

(ア)　色彩の色味や明るさ，鮮やかさを捉えること。

(イ)　材料の性質や質感を捉えること。

(ウ)　形や色彩，材料，[　3　]などから感じる優しさや楽しさ，寂しさなどを捉えること。

(エ)　形や色彩などの組合せによる構成の美しさを捉えること。

(オ)　余白や空間の効果，立体感や遠近感，量感や動勢などを捉えること。

①　実感的　　②　美術　　③　光　　④　造形　　⑤　理論的

⑥　質感

(☆☆☆◎◎◎)

【高等学校】

【1】「高等学校学習指導要領　第2章　第7節　芸術(平成30年3月告示)」の「第2款　各科目」について，次の各問いに答えなさい。

問1　次の記述は，「第4　美術Ⅰ」の「1　目標」である。[　1　]，[　2　]，[　3　]に当てはまるものとして最も適切なものを，後の①〜⑥のうちからそれぞれ選びなさい。

美術の幅広い創造活動を通して，造形的な見方・考え方を働かせ，美的体験を重ね，[　1　]の中の美術や美術文化と幅広く関わる資質・能力を次のとおり育成することを目指す。

(1)　対象や事象を捉える造形的な視点について理解を深めるとともに，意図に応じて表現方法を創意工夫し，[　2　]に表すことができるようにする。

(2)　造形的なよさや美しさ，表現の[　3　]，美術の働きなどについて考え，主題を生成し創造的に発想し構想を練ったり，価値意識をもって美術や美術文化に対する見方や感じ方を深めた

りすることができるようにする。

　(3)　主体的に美術の幅広い創造活動に取り組み，生涯にわたり美
　　術を愛好する心情を育むとともに，感性を高め，美術文化に親
　　しみ，心豊かな生活や社会を創造していく態度を養う。

① 社会や環境　　② 生活や社会　　③ 造形的

④ 意味や価値　　⑤ 創造的　　　　⑥ 意図と創意工夫

問2　次の記述は，「第4　美術Ⅰ」の〔共通事項〕(1)である。[　1　]，
　　[　2　]，[　3　]に当てはまるものとして最も適切なものを，下の
　　①〜⑥のうちからそれぞれ選びなさい。

(1)「A表現」及び「B鑑賞」の指導を通して，次の事項を身に付け
　　ることができるよう指導する。

　　ア　造形の要素の[　1　]を理解すること。

　　イ　造形的な[　2　]などを基に，全体のイメージや[　3　]，様
　　　式などで捉えることを理解すること。

① 作風　　② 画風　　③ 形式　　④ 効果　　⑤ 働き

⑥ 特徴

問3　「第4　美術Ⅰ」の「2　内容」の「A表現(1)絵画・彫刻　ア」の
　　記述として最も適切なものを次の①〜④のうちから選びなさい。

① 色光や視点，動きなどの映像表現の視覚的な要素の働きについ
　　て考え，創造的な表現の構想を練ること。

② 表現方法を創意工夫し，主題を追求して創造的に表すこと。

③ 目的や条件，美しさなどを考え，主題を生成すること。

④ 自然や自己，生活などを見つめ感じ取ったことや考えたこと，
　　夢や想像などから主題を生成すること。

(☆☆☆◎◎◎)

188

解答・解説

【中高共通】

【1】問1　組合せ…③　　　内容…②　　　問2　⑤

〈解説〉問1　内容の選択肢について，①はローウェンフェルドによるもの，③は岸田劉生によるもの，④は川喜田煉七郎と武井勝雄によるものである。　問2　我が国最初の西洋図画教科書は川上寛によって翻訳され明治4(1871)年に発行された『西画指南』である。日本の図画教育の黎明期(ここでは明治前期を指す)においては，表現の教育ではなく，説明のための手段として，技術教育的な側面が強いものであったと言われる。その書き方の教育は臨画という方法によって行われ，教科書は臨本であった。

【2】問1　1　④　　　2　②　　　3　⑥　　　問2　組合せ…⑤　　　語群…③
　　　問3　③　　　問4　⑤　　　ア　③　　　ウ　⑥　　　問5　①

〈解説〉問1　ポール・セザンヌは南フランス出身の画家で，ゴッホやゴーギャンらとともにいわゆる後期印象派に位置付けられる。セザンヌは，西洋の伝統である一方向からの視点で対象物を見るのではなく，複眼的視点で対象をとらえようとし，また「自然を円筒，球，円錐でとらえる」として形の本質を追究した画家であり，特に「サント・ヴィクトワール山」の連作は代表的な作品群である。そうしたセザンヌの作品から着想を得て，いわゆるヨーロッパ伝統の写実主義や一点透視図法といったものから絵画を解放しようとし，同時複眼的視点に依るなどして制作に取り組んだのがキュビスムであると言われている。特に1909～1911年頃のそれは分析的キュビスム(形態を分解し細分化する)，1912～1914年頃は総合的キュビスム(付加的ともいわれ，本来の絵とは異質のものを画面に取り入れる。コラージュやパピエ・コレなど)と呼ばれている。ピカソをはじめ，モネやピサロ，マティスら多くの画家に影響を与えたとされていることから，セザンヌは「近代絵画

189

の父」と呼ばれている。　問2　コントラポストとは，立像のプロポーションにおいて，支脚(体重を支える脚)と遊脚が明確で，人体の正中線がS字型を描くポーズのことで，クラシックからヘレニズム時代に盛行したと言われる。ミュロンの「円盤投げ」などが有名である。なお，彫刻作品について，ジャコメッティでは「ヤナイハラⅠ」や「歩く男Ⅱ」など，ミケランジェロでは「ダヴィデ」や「ピエタ」など，ロダンでは「考える人」や「バルザック」などが代表的である。問3　テンペラとは，油と膠質が混じり合った乳剤で顔料を練り合わせた絵具のこと。「混ぜ合わせる」という意味のイタリア語「テンペラーレ」に由来する。今日では鶏卵を主な展色剤として顔料を練ってつくった絵具，およびその技法により描かれた絵画のことを指す。テンペラは乾きが早く，丈夫で耐久性に富む絵具層をつくり，色調は油彩画よりも明るく鮮明であるが，色面の平塗りやぼかしの技法には不向きであるとされるため，その欠点を補う方法としてしばしば油彩画と併用されることがある。　問4　版画はおよそ4つの技法に大別される。木口木版やリノカットなどに代表される，版の凸部にインクをつけそれを刷り取る「凸版」技法，ドライポイントやエッチングなどに代表される，版の凹部にインクをつめ不要なインクをふき取りプレス機で刷り取る「凹版」技法，シルクスクリーンやステンシルなどに代表される，版面にインクが通り抜ける部分と通り抜けない部分とをつくり，インクが通り抜ける部分を通して紙面にインクを刷り込んでいく仕組みを利用した「孔版」技法，リトグラフなどに代表される，平らな面にインクがつく面とつかない面をつくり刷り取る「平版」技法である。なお，③はアンリ・ド・トゥールーズ＝ロートレックによる「ムーラン・ルージュ・ラ・グーリュー」，⑥はパブロ・ピカソによる「ランプの下の静物」である。　問5　デカルコマニーは，吸水性の低いガラスや紙の上に絵の具を任意に置き，その上から紙を押し当てて絵の具の痕跡を写し取る技法のこと。②のフロッタージュとは凹凸のあるものに紙を当てて鉛筆などでこすり，形を写し出す技法のことで，いわゆる擦り出しである。③について，ジャクソン・ポロックは，床

に広げた巨大なキャンバスの周辺を動き回りながら絵の具を垂らし，まき散らしながら制作を行った。批評家のローゼンバーグがこれを「アクション・ペインティング」と呼んだことにより，以後ポロックの代名詞となった。④のコラージュとは雑誌・新聞等を好きな形に切り取るなどして貼り合わせ，もともと関係のない別々のものを結びつけ，そこに新しい面白さや価値を示そうとする技法のこと。

⑤のアッサンブラージュとは，もとは「寄せ集め」「組み(継ぎ)合わせること」を意味する仏語で，雑多な日用品や工業生産品，廃物などを寄せ集める手法，あるいはその作品のことを意味する。⑥のドリッピングとは，多めの水で溶いた絵の具を筆に含ませ画面に垂らす技法のこと。様々な色を用いて描くことが多い。

【3】問1　③　　問2　③　　問3　語群…⑤　　図版…④　　問4　④　問5　①　　問6　②　　問7　①　　問8　1　②　　2　⑥
〈解説〉問1　同化現象とは，2つの異なる色が互いに隣接した場合に，2つの色が互いに影響し合ってその中間の色に見える現象のこと。これは2色間の明度差が小さい場合に顕著に現れる。①は，色弱者にとって，「青と紫」，「深緑と茶色」，「赤と緑」のような組み合わせは色が見分けにくくなる。②は，鴇色は暖色系，新橋色は寒色系である。④は，軽い重いというイメージは，明度の影響が大きい。　問2　アクセントは強調，リピティションは繰り返し，シンメトリーは対称，グラデーション段階的変化という意味である。　　問3　ウラジミール・マヤコフスキーによって著された詩集「声のために」(1923年)をデザインしたのは，ロシア・アヴァンギャルドの画家・デザイナーのエル・リシツキーである。図版④はエル・リシツキーのブックデザイン「THE ISMS OF ART 1914-1924」である。語群⑤のロシア構成主義とは，1910～20年代のロシア(ソヴィエト連邦)ではじまった芸術運動のこと。ウラジミール・タトリンが鉄板や木片を使った自身のレリーフを「構成」と呼んだことから，構成主義といわれている。いわゆる構成主義者たちは今後の芸術は科学の進歩を基盤とするとして新素材

や3次元空間の実験的作品をつくった。タトリンの「第三インターナショナル記念塔」などが代表作である。　問4　①　柾目板は原木の中心およびその付近から取る(木材の半径方向に縦断するように木取りする)ため真っ直ぐに通った平行な木目が見られるが，数に限りがある。一方，板目板は原木の中心およびその付近以外から取る(年輪を横切るように木取りする)ため，比較的多く取り出すことができる。また木材は水分が乾燥すると変形する。　②　一般的に，針葉樹とは細長くて硬い葉を付けた樹木のことで，木質は柔らかくて軽いため加工がしやすい。杉や松，ひのきなどである。広葉樹とは平らで面積の広い葉を付けた樹木のことで，木質は針葉樹よりも硬くて重いとされている。桂，ほおなど。他に北米産や南方産の外材として，ラワンや米松，チークやバルサなどがある。なお，桐は広葉樹だが，柔らかくて軽い。③　桐の特徴としては，保湿性に優れ，湿気に強く，柔らかいなどが挙げられる。一般的に仏壇に使用される木材としては，きわめて硬く，耐久性に優れる黒檀や，木肌が緻密で木質が硬い紫檀，強度と耐久性に優れる欅などが挙げられる。　問5　螺鈿の螺は貝，鈿は物を飾るという意味である。貝の真珠質の部分を文様に切り取り，平らにみがいて漆地または木地にはめこんだり，はりつけたりして装飾したものをいう。図版は「八橋蒔絵螺鈿硯箱」(18世紀)である。　問6　「アーク・ノヴァ」はラテン語で「新しい方舟」を意味する。スイスの音楽祭「ルツェルン・フェスティバル」が東日本大震災の復興支援のために企画し，建築家の磯崎新と英国人彫刻家のアニッシュ・カプーアによって制作されたものである。高さが18m，幅30m，奥行36mと巨大で，約500名を収容することができる。塩化ビニールでコーティングされたポリエステル製の膜は送風によってドーム状に膨らみ，折り畳んでトラックで輸送できるように設計されている点が特徴。
問7　フェナキストスコープとは，絵が描かれた円盤を鏡に写しておき，その円盤を回転させながら円盤の一部にあるスリットを通してのぞくと，絵が動いて見えるものである。アニメーションの仕組みは，一枚一枚の絵が次々に見えることで目に残像が残り，まさにその絵が

つながって動くように感じられるところにあるとされる。そのための様々な仕掛け・装置としては他にソーマトロープ(表と裏に違う絵を描いた円盤の両端に輪ゴム付け，反動を利用しながら速いスピードで回転させることで，表の絵と裏の絵が残像によって重なり一枚の絵になって見えるというもの)などがある。　問8　陶器は原料に陶土(粘土)を使い，1100〜1300度で焼いたもの。陶器は主な原料に石粉を使い1300度で焼いたもの。

【4】問1　④　　問2　③　　問3　⑤　　問4　七宝…②　　麻の葉…③
　　問5　⑥　　問6　⑤　　問7　③　　問8　④　　問9　②

〈解説〉問1　乾漆像の技法は，大きく脱活乾漆造と木心乾漆造に分けられる。前者は中国から伝わり天平時代前半に盛行した技法。塑土でおよその形をつくり，麻布を漆で張り重ねたのち，底部や背面を切り開いて塑土を取り出し，内部を木枠で補強して開口部をふさいでから，細部を塑形して彩色や金箔を施して仕上げる。興福寺の八部衆立像などが代表的である。後者は日本で開発された技法で，脱活乾漆の技法に塑像の技法を取り入れたもの。天平後期から平安初期にかけてつくられた。まず木彫でおよその形をつくり，表面に数センチの厚さの乾漆(木屎漆)を盛り上げて細部を塑形する。観音寺(京都)の十一面観音立像などが代表的である。　問2　応天門の変を題材にした平安時代末期の絵巻物。国宝の「鳥獣戯画」，「源氏物語絵巻」，「信貴山縁起」とともに四大絵巻物とされている。　問3　アは葛飾北斎の「『北斎漫画』十三編」で，イはエミール・ガレの「鯉魚文花瓶」である。
問4　①は紗綾形文様，④は鹿の子，⑤は雲と雷，⑥は籠目である。
問5　作品は「褐釉蟹貼付台付鉢」(1881年)である。　問6　⑤は東京駅(1914年開業)である。辰野金吾は明治から大正の建築界に指導的役割を果たし「日本近代建築の父」と言われている。日本銀行本店，両国国技館なども辰野の設計によるものである。　問7　③は「アッツ島玉砕」(1943年)である。　問8　図版は「トマソン黙示録　真空の踊り場・四谷階段」(1988年)である。赤瀬川は「不動産に付着していて

美しく保存されている無用の長物」を「トマソン」と呼んだ。彼は街にある用途のない物の存在を芸術ととらえ，それらを「超芸術トマソン」として収集・分類する活動を始めた。　問9　図版は「渋谷2006年」である。本城直季は，実際の風景や人物などをミニチュアのように見せる手法で写真を撮影して発表するなどし，雑誌や広告の分野で活躍している。

【5】問1　人物名…③　　図版…⑤　　問2　組合せ…④　　図版…②
問3　1　⑤　　2　⑥　　問4　語群…④　　国名…③　　問5　人物名…⑥　　図版…②

〈解説〉問1　ダリは，精神分析学者であるフロイトの影響を受け，視覚的なトリック・だまし絵風の細密描写によって夢や幻覚など独自の奇想天外な世界を表現した。こうした手法が偏執狂的批判的方法であると言われている。特に図版⑤の「ナルシスの変貌」においては，一つの形が見方によって違うものに見えてしまうというダブル・イメージの表現方法が用いられている。　問2　図版②はギュスターヴ・クールベによる「波」(1870年頃)である。図版①はジャン・オノレ・フラゴナールによる「読書する娘」(1776年)，図版③はヨハネス・フェルメールによる「牛乳を注ぐ女」(1660年頃)，図版④はドミニク・アングルによる「泉」(1856年)，図版⑤はウジェーヌ・ドラクロワによる「民衆を導く自由の女神」(1830年)である。　問3　壁画は「ゲルニカ」(1937年)である。無差別爆撃を受けた都市をゲルニカと言い，この当時パリにいたピカソは，万国博覧会のために制作していた壁画を「ゲルニカで行われた非道な暴力」を告発する「ゲルニカ」に変えて描いたとされる。なおこの作品は約1ヶ月という短い期間で描かれ，その制作過程がほぼ完全に残されている。　問4　作品は，レンブラントによる「二つの円と自画像」(1665年頃)である。　問5　クリストの作品は，図版①「ランニング・フェンス」，図版③「囲まれた島々」，図版④「ゲート」である。図版②はエデュアルド・チリダによる「サン・セバスティアンの《風の櫛》」である。

【中学校】

【1】問1　1　②　　2　⑤　　3　⑥　　問2　④　　問3　1　④
　　2　①　　3　③

〈解説〉平成29年度に改訂された新学習指導要領は，いわゆるコンピテン
シー・ベースすなわち育成したい資質・能力の観点から構成されてい
る。つまり教科の目標は，教科で何を学ぶのかを明確に示すとともに，
具体的に育成することを目指す資質・能力を「(1)『知識及び技能』，
(2)『思考力，判断力，表現力等』，(3)『学びに向かう力，人間性等』」
という3つの柱に，(1)～(3)のそれぞれが，(1)造形的な視点を豊かにす
るために必要な知識と，表現における創造的に表す技能に関するもの，
(2)表現における発想や構想と，鑑賞における見方や感じ方などに関す
るもの，(3)学習に主体的に取り組む態度や美術を愛好する心情，豊か
な感性や情操などに関するもの，というように対応するかたちで整理
されて示されているのである。さらにこれら(1)～(3)を，相互に関連さ
せながら育成できるようにする必要があるともされているため，構造
的にきちんと理解しておくことが必要である。また，これに伴い，内
容についても資質・能力を相互に関連させながら育成できるよう整理
されている。具体的には，「知識」については〔共通事項〕，「技能」
は「A表現」(2)の指導事項に位置付けられており，「思考力，判断力，
表現力等」は(発想や構想に関する資質・能力として)「A表現」(1)及
び「B鑑賞」(1)の指導事項に，「学びに向かう力，人間性等」は「A表
現」「B鑑賞」及び〔共通事項〕を指導する中で，一体的，総合的に育
成していくものとされている。さらに，こうした整理・変更に伴い，
それぞれにおいて用いられている文言も変更されていたり付け加えら
れたりしているところがあるので，そうした要所をきちんと押さえて
おくことも必要である。例えば中学校では「〔第1学年〕の目標及び内
容」と「〔第2学年及び第3学年〕の目標及び内容」としてまとめられ
ており，それぞれの学年で用いられる用語や文言は異なってきている
ので，そうした相違点に留意しながら確認しておきたい。なお本問に
関わって，「A表現」(1)内のアにおいては「絵や彫刻などに表現する活

動」を通して，同イにおいては「デザインや工芸などに表現する活動」を通して，「思考力，判断力，表現力等」すなわちこの場合「発想や構想に関する資質・能力」の育成を図るとされているので，あわせて確認しておこう。

【高等学校】

【1】問1　1　②　　2　⑤　　3　⑥　　問2　1　⑤　　2　⑥
　3　①　　問3　④

〈解説〉問1　平成30年3月告示の新学習指導要領は，いわゆるコンピテンシー・ベースすなわち育成したい資質・能力の観点から構成されているといわれる。つまり教科の目標は，教科で何を学ぶのかを明確に示すとともに，具体的に育成することを目指す資質・能力を「(1)『知識及び技能』，(2)『思考力，判断力，表現力等』，(3)『学びに向かう力，人間性等』」という三つの柱に，(1)～(3)のそれぞれが，(1)造形的な視点を豊かにするために必要な知識と，表現における創造的に表す技能に関するもの，(2)表現における発想や構想と，鑑賞における見方や感じ方などに関するもの，(3)学習に主体的に取り組む態度や美術を愛好する心情，豊かな感性や情操などに関するもの，というように対応するかたちで整理されて示されているのである。さらにこれら(1)～(3)は，相互に関連させながら育成できるようにする必要があるともされているため，構造的にきちんと理解しておくことが必要である。また，これに伴い，内容についても資質・能力を相互に関連させながら育成できるよう整理したとされている。具体的には，「知識」については〔共通事項〕，「技能」は「A表現」(1)～(3)のイの指導事項に位置付けられており，「思考力，判断力，表現力等」は(発想や構想に関する資質・能力として)「A表現」(1)～(3)のアの指導事項，および「B鑑賞」(1)の指導事項に，「学びに向かう力，人間性等」は「A表現」「B鑑賞」および〔共通事項〕を指導する中で一体的，総合的に育成していくものとされている。さらに，こうした整理・変更に伴い，それぞれにおいて用いられている文言も変更されていたり付け加えられたりしてい

るところがあるので，そうした要所をきちんと押さえておくことも必要である。なお「高等学校学習指導要領(平成30年告示)解説　芸術(音楽　美術　工芸　書道)編　音楽編　美術編」の「第1部　芸術編　第2章　各科目　第4節　美術Ⅰ　1　性格」の冒頭では，「『美術Ⅰ』は，高等学校において美術を履修する生徒のために設けている最初の科目である。『美術Ⅰ』は，中学校美術科における学習を基礎にして，『A表現』及び『B鑑賞』についての幅広い活動を展開し，造形的な見方・考え方を働かせ，美的体験を重ね，生活や社会の中の美術や美術文化と幅広く関わる資質・能力を育成することを目指しており，『美術Ⅱ』，『美術Ⅲ』における発展的な学習の基礎を養う科目という性格を有している」ものとして位置づけられているので，きちんと理解しておきたい。

2019年度　実施問題

【中高共通】

【 1 】美術に関する教育について，次の各問いに答えなさい。

　問1　次の記述は，日本の美術教育に関するものである。岸田劉生に
　　関する記述として最も適切なものを，記述①〜⑤のうちから選びな
　　さい。

　　　また，岸田劉生の著書名として最も適切なものを，著書名①〜⑥
　　のうちから選びなさい。

　　記述

　　　①　図画教育の眼目とは人生の精神生活の核心に触れた美的情操
　　　　を陶冶するところにあると述べ，「自然に対する美的感情と智
　　　　とを融合した境地」を「形象」と定義した。

　　　②　三重県早修小学校において，想画教育の実践研究を行った。
　　　　著書の中で「想画とは子供が彼の人生(環境及び想念)に於ける
　　　　事又は主観的に描ける構成的絵画を云う」と定義した。

　　　③　島根県馬木小学校に奉職し，図画教育に対する指針を「図画
　　　　教育を通して善良有為なる農山村人を訓練するを重視し，これ
　　　　に必要なる陶冶をその過程に於いて計画する図画教育たるべ
　　　　し」と定めた。

　　　④　大正7年，長野県神川小学校において「児童自由画の奨励」
　　　　と題する講演，並びに実作指導を行い，翌年同小学校にて第一
　　　　回児童自由画展覧会を開催し反響を呼んだ。

　　　⑤　図画教育の目的を，児童の感情の美化に求め，美術や絵によ
　　　　って真の徳育を施すところにあると述べ，その実現のために，
　　　　自由画法，見学法，手法教授，装飾法という4つの教授方法論
　　　　を提示した。

著書名
① 図画教育論　　　　　② 芸術による教育
③ 農山村図画教育の確立　④ 形象図画教育の新機構
⑤ 想画による子供の教育　⑥ 自由画教育

問2　次の記述は，明治初期の美術教育について述べたものである。
[　1　]，[　2　]に当てはまる語句として最も適切なものを，後の
①～⑧のうちからそれぞれ選びなさい。

　明治初期の図画教育は『西画指南』(明治4年)や『[　1　]』(明治5年)が代表するとおり，西洋のデッサンや図法の基礎教程をそのまま利用する形態をとった。西洋絵画の遠近法などの伝統的な描画法が，実利的な用途を念頭に置いた日本の図画教育の基調に符合したからである。この時期の描画材料は，木炭・蝋石・チョークなどが主である。一方，毛筆を描画材料として編んだ教科書が現れはじめるのは明治21年頃からである。教育の場に毛筆画が登場する背景には美術界における日本美術復興の機運の高まりがある。この機運をつくりだした中心人物は[　2　]である。

① エノホン　　② 図法階梯　　③ 構成教育大系
④ 新定画帖　　⑤ フレーベル　⑥ チゼック
⑦ フェノロサ　⑧ シュタイナー

問3　次の記述は美術教育に関する書籍の一部である。この書籍の著者として最も適切なものを，後の①～⑤のうちから選びなさい。

　われわれは完成した作品と経験に対する態度との両者によって，美術表現の二つの型を明らかに区別することができる。これら二つの型の美術作品を，その純粋な形で調べてみると，視覚的な型は自分の周囲の環境から出発するということ，自分が傍観者としてものを感じるということ，経験の手段は主として目によるということがわかる。一方触覚型は，主として，自分自身の身体感覚や，自分が情緒的に包みこまれている主観的経験に関係がある。「創作活動の本質」において，筆者は経験の世界に対する二つの異なる反応にもとづく，二つの性質の異なる創造の型の存在を説明した。

① ピアジェ　　② リュケ　　③ リード　　④ ケロッグ
⑤ ローウェンフェルド

(☆☆☆◎◎◎)

【2】感じ取ったことや考えたことを基にして表現する活動について，次の各問いに答えなさい。

問1　次の記述ア～ウは，3人の作家に関するものである。記述と作家の組合せとして最も適切なものを，後の①～⑥のうちから選びなさい。

ア　私にとって，表現とは顔に溢れる情熱とか，激しい動きによって現される情熱などのなかにあるのではない。それは私のタブローの配置の仕方全体のうちにある。

イ　木の連作からは具体的なイメージが徐々に抽象的に変化していった過程がよくわかる。抽象化はさらに進み「赤，青，黄のコンポジション」，「ブロードウェイ・ブギウギ」等の表現に到達する。

ウ　ある夕方，野外での制作から帰宅した作者は見たこともない美しい絵を見出した。フォルムと色彩のみが見え，何が描いてあるか分からないその絵は，実は横にして壁に立てかけた自分の絵であった。このことから「自分の絵を悪くしているのは対象だ」ということを自覚し，画面から具体的対象の形を取り除く方向に向かった。

作家

A　ピカソ　　B　マティス　　C　カンディンスキー
D　スーラ　　E　モンドリアン　　F　モネ

組合せ

	ア	イ	ウ
①	B	C	D
②	D	C	F
③	A	F	D
④	A	F	C
⑤	D	E	F
⑥	B	E	C

問2 次の作品について，左から制作年順に並べたものとして最も適切なものを，下の①～⑨のうちから選びなさい。

ア　　　　　　　　イ　　　　　　　　ウ

エ　　　　　　　　オ

① アイエウオ　　② アイウオエ　　③ イエアウオ

④ イオエアウ　　⑤ ウイエオア　　⑥ ウエオアイ

⑦ エアウオイ　　⑧ エオイアウ　　⑨ オアウイエ

問3 次の記述は，現代の美術について述べたものである。[　1　]，[　2　]に当てはまる語句として最も適切なものを，後の①～⑨のう

ちからそれぞれ選びなさい。

　1950年代にアメリカを風靡した抽象表現主義への反発として，1950年代の末から登場した[　1　]を代表する作家は，ジャスパー・ジョーンズとロバート・ラウシェンバーグの二人である。ジョーンズは日常見なれた具体的イメージを二次元の世界に定着させ，ラウシェンバーグは現実の立体的なオブジェを作品に持ち込む[　2　]・ペインティングを試みた。

① シュルレアリスム　　② スーパーリアリズム

③ ネオ・ダダ　　　　　④ コンセプチュアル・アート

⑤ ダダイズム　　　　　⑥ パピエ・コレ

⑦ コンバイン　　　　　⑧ アース・ワーク

⑨ ハプニング

問4　次の記述は，日本画の技法について述べたものである。[　1　]，[　2　]に当てはまる語句として最も適切なものを，下の①〜⑨のうちからそれぞれ選びなさい。

　日本画の基底材として，繊維が長く丈夫で岩絵の具の定着のよい麻紙を使うことがある。麻紙を使う際には，[　1　]を止めるためにドーサ引きしておく。下塗りは胡粉や水干絵の具等から始め，顔料は[　2　]によって画面に接着させる。[　2　]は動物の皮革や骨髄から採られるもので，主成分はコラーゲンというたんぱく質の一種である。

① にじみ　　　　② 乾燥　　　③ 酸化重合　　④ 腐蝕

⑤ アラビアゴム　⑥ 亜麻仁油　⑦ 卵黄　　　　⑧ 蝋

⑨ 膠

問5　次の表は，銅版画の技法について述べたものである。[　ア　]〜[　オ　]に当てはまる語句の組合せとして最も適切なものを，組合せ①〜⑥のうちから選びなさい。

　最初に[　ア　]で表面に細かい凹みとまくれを作る「目立て」を行い，黒い面を作りだす。表したい部分のまくれを[　イ　]で削ると白く浮き上がる。画面に黒から白までの階調を作り出していく。

　柔らかなにじみをもつ線に特徴がある。製版にはよく研いだ[　ウ　]を使う。ひっかくようにして線を引くとまくれができ，刷りの際は，このまくれにインクがとどまり，にじみをもった柔らかい線が表現される。

　[　エ　]を版面に均一にまいた後，裏から熱する。[　エ　]が溶け，その粒子が付着して防蝕層（ぼうしょくそう）が出来上がる。この版を腐蝕（ふしょく）すると，無数の小さな凹みとなる。刷りの際，この小さな凹みにインクがとどまるため，点の集まりによるトーンができる。

　[　オ　]を版いっぱいにまんべんなくのばし，この上に凹凸のあるものを置き，軽くプレス機に通すと，凹凸の形に[　オ　]が取れる。これを腐蝕（ふしょく）することによって，ものの凹凸の模様をそのまま版に転写する。

組合せ

	ア	イ	ウ	エ	オ
①	ベルソー	スクレーパー	ニードル	松脂（まつやに）	ソフトグランド
②	ベルソー	ニードル	スクレーパー	ソフトグランド	松脂（まつやに）
③	スクレーパー	ニードル	ベルソー	松脂（まつやに）	ソフトグランド
④	スクレーパー	ベルソー	ニードル	ソフトグランド	松脂（まつやに）
⑤	ニードル	スクレーパー	ベルソー	松脂（まつやに）	ソフトグランド
⑥	ニードル	ベルソー	スクレーパー	ソフトグランド	松脂（まつやに）

問6　次の図版は，フランシスコ・デ・ゴヤの銅版画の作品であり，記述は，この作品について述べたものである。[　]に当てはまる技法名として最も適切なものを，後の①～④のうちから選びなさい。

図版

　『ロス・カプリーチョス』は，ゴヤの80点の連作を収めた銅版画集である。上の作品は43番目のもので，エッチングと[　　]の混合技法を用いている。微細な線と明暗のコントラストをもつ面で画面構成されている。

① 　ソフトグランドエッチング　　② 　アクアチント
③ 　メゾチント　　　　　　　　　④ 　ドライポイント

問7　次のア～キの記述は，頭像(塑像)の石膏どりの各過程について述べたものである。これらの過程を左から順に並べたものとして最も適切なものを，下の①～⑨のうちから選びなさい。

ア　切り金を抜き，窓の部分をはずして粘土と心棒を取り出す。
イ　後頭部に切り金を入れて，粘土や心棒を取り出すための窓をつくる。
ウ　石膏液を塑像全体に振りかける。補強として針金を入れ，さらに石膏液で厚みをつける。
エ　石膏液が完全に硬化したら，ドライバーと木づちで割り出す。
オ　石膏液を流し込み，一定の厚みで固まるまで回転させる。
カ　スタッフを内側に貼り付け，石膏液を流し込む。
キ　内側を水で洗い，離形剤を塗布して窓をはめ込み，固定する。

① 　アイウエオカキ　　② 　アウオイキカエ
③ 　アイウキエオカ　　④ 　イアウエカキオ
⑤ 　イウアキオカエ　　⑥ 　イオウアキエカ
⑦ 　ウアイエオカキ　　⑧ 　ウイアキカエオ

⑨　ウオイカキエア

問8　次の図版のうち，ピカソの作品として適切ではないものを，図
版①〜⑥のうちから選びなさい。

① ② ③ ④ ⑤ ⑥

(☆☆☆○○○)

【3】伝える，使うなどの目的や機能を基にして表現する活動に関して，
次の各問いに答えなさい。

問1　次の記述の[　　]に当てはまる語句として最も適切なものを，下
の①〜④のうちから選びなさい。

　　色はものの見え方にも影響を与える。文字や絵柄の見えやすさや
目立ち具合も，色によって変わってくる。

　　色の見えやすさのことを[　　]という。背景の色との組み合わせ
で，明度差が小さいと見えにくくなり，明度差が大きいと見えやす
くなる。

① 誘目性　　② 識別性　　③ 色覚特性　　④ 視認性

問2　次の記述は，「明暗顕漠（めいあんけんばく）」について述べたものである。[　ア　]
～[　エ　]に当てはまる色の組合せとして最も適切なものを，後の
組合せ①～⑤のうちから選びなさい。

　奈良時代には日本古来の色として[　ア　]，[　イ　]，[　ウ　]，
[　エ　]の4色が主に当用されている。これらの色は，光の程度を表
しているといわれ，[　ア　]は明るいに通じ，光あふれる状態を示
す。これと対極に位置づけられるのが[　イ　]であり，[　イ　]は
暗いに通じ，光のない闇の世界を表す。また，[　ウ　]は，物事が
明らかな状態である顕(ケン)という概念でくくり，この対極が漠(バ
ク)であり，[　エ　]となるのである。

　明暗顕漠は，これに方位や季節を重ね合わせ，光のもとでのさま
ざまな事象を関係図で示したものである。

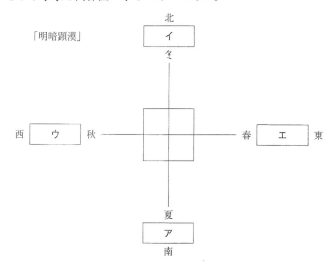

206

組合せ

	ア	イ	ウ	エ
①	黄	紫	赤	白
②	白	黒	黄	紫
③	赤	紫	白	青
④	赤	黒	白	青
⑤	白	黒	黄	青

問3　次の記述は，木工芸について述べたものである。下線部の技法と図版ア～エの組合せとして最も適切なものを，後の組合せ①～⑥のうちから選びなさい。

　身近な素材としての木は種類も多く，昔から建築や家具，什器などに使われてきた。木工の技法には指物，刳物，挽物，曲物などがある。それぞれの制作においては，木材の堅さや色の濃淡，木目の様子など素材の選定が重要なポイントになる。

図版

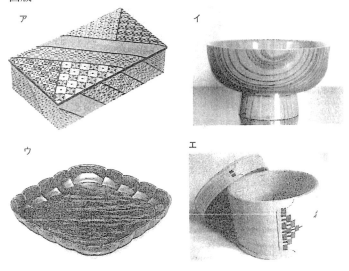

組合せ

	指物	刳物	挽物	曲物
①	エ	ウ	イ	ア
②	ア	ウ	イ	エ
③	ウ	ア	エ	イ
④	ア	イ	ウ	エ
⑤	エ	イ	ウ	ア
⑥	ウ	エ	ア	イ

問4　次の図版は，ある都道府県の伝統的な衣装である。施されている文様には魔除けなどの意味がこめられている。この衣装と関係の深い都道府県として最も適切なものを，下の①〜⑤のうちから選びなさい。

図版

①　北海道　　②　東京都　　③　京都府　　④　鹿児島県
⑤　沖縄県

問5　次の図版は，カッサンドルが1927年に制作した「ノール・エクスプレス」のポスターである。このポスターと関係の深い芸術運動として最も適切なものを，後の①〜⑤のうちから選びなさい。

図版

① ポップ・アート　② 未来派　③ アール・ヌーヴォー
④ ナビ派　　　　　⑤ アール・デコ

問6　次の記述は，ある作家の言葉である。この作家として最も適切なものを，下の作家①〜⑤のうちから選びなさい。

　また，この作家の作品として最も適切なものを，後の図版①〜⑤のうちから選びなさい。

　父が経営していた出版社を継ぐため，ロンドン，それからパリで修業しました。パリに住んでいた20歳のころ，マティスやレジェといったフランスの偉大な画家たちを知り，大きな影響を受けたのです。

　わたしの線はいつも少し震えています。まるで心臓の鼓動のように。震える線は私の個性なのです。

　わたしは色にも究極のシンプルさを求めました。最初は赤，黄，青，緑だけ。その後，茶色とグレーを追加しました。

作家
① エリック・カール　② ディック・ブルーナ
③ トーベ・ヤンソン　④ アネット・チゾン

⑤　ゲオルグ・ハレンスレーベン

図版

問7　次の表は，平成28年3月に制定された，災害種別避難誘導標識システムに用いられている津波・高潮の図記号と，色の組合せを示したものである。　ア　～　ウ　に当てはまる色の組合せとして最も適切なものを，後の組合せ①〜⑦のうちから選びなさい。

災害種別	図記号		色
津波・高潮	一般図記号		ア ・ 白
	注意図記号		黒 ・ イ
	避難場所図記号		ウ ・ 白

組合せ

	ア	イ	ウ
①	緑	黄	黒
②	黒	赤	緑
③	緑	赤	黒
④	黒	白	青
⑤	黒	黄	緑
⑥	緑	白	青
⑦	黒	黄	青

問8　次の記述と図版は，平成28年3月に閉館した「神奈川県立近代美術館　鎌倉」を示している。設計した人物として最も適切なものを，下の①～⑤のうちから選びなさい。

　　白い箱型の展示室をH型鋼と壁が持ち上げる単純な構成で，日本の伝統とモダニズムを結びつけた先駆的作品である。

図版

① 坂倉準三　　② 丹下建三　　③ 前川國男
④ 篠原一男　　⑤ 妻木頼黄

(☆☆☆○○○)

【4】日本の美術について，次の各問いに答えなさい。
　問1　次の記述は，ある作家について述べたものである。また，図版はこの作家の作品の展示風景である。この記述と図版が示している

作家として最も適切なものを，下の①～⑤のうちから選びなさい。

　手描きのアニメーションと，その内容に結び付いた空間を構築したインスタレーションとして作品を展開する。集合住宅や台所，通勤電車など，自分の体験や記憶など日常的な情景に基づいて，現代の日本社会が抱えるさまざまな矛盾などを表現している。

　アニメーション制作では常に手描きで原画を作成し，それをコンピュータに取り込んで彩色し，合成していく。彩色では，使いたい浮世絵特有の色調や質感を画像編集ソフトウェアで抽出し，活用する部分もある。

　2011年に，ヴェネツィア・ビエンナーレのために「てれこスープ」を制作し，「逆転する世界」を表現した。

図版

①　石黒亜矢子　　②　ヨシダナギ　　③　山口晃
④　束芋　　　　　⑤　森田りえ子

問2　次の図は，浮世絵版画の歴史について示したものである。
　　　ア 　～ 　エ 　に当てはまる最も適切な語句の組合せを，後の組合せ①～⑧のうちから選びなさい。

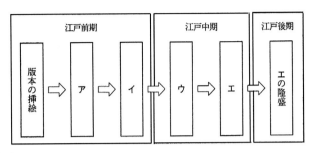

組合せ

	ア	イ	ウ	エ
①	墨摺絵	錦絵	丹絵	紅摺絵
②	丹絵	墨摺絵	紅摺絵	錦絵
③	丹絵	墨摺絵	錦絵	紅摺絵
④	墨摺絵	紅摺絵	丹絵	錦絵
⑤	墨摺絵	丹絵	紅摺絵	錦絵
⑥	丹絵	錦絵	墨摺絵	紅摺絵
⑦	紅摺絵	丹絵	錦絵	墨摺絵
⑧	紅摺絵	錦絵	墨摺絵	丹絵

問3　次の図版ア，イについて，その絵師として最も適切なものを，後の①～⑦のうちからそれぞれ選びなさい。

図版

ア

イ

213

① 歌川広重　　② 歌川国芳　　③ 喜多川歌麿

④ 菱川師宣　　⑤ 鈴木春信　　⑥ 東洲斎写楽

⑦ 鳥居清信

問4　次の記述は，図版の仏像彫刻について説明したものである。[　]に当てはまる語句として最も適切なものを，下の①〜⑤のうちから選びなさい。

　運慶たちは，兵火をまぬがれた[　]彫刻を研究し，新たな時代の精神を盛りこんだ剛健で写実的な仏像を生み出した。この金剛力士像の筋肉の盛り上がり，引き締まった胴，分厚い胸などの造形や前に乗り出すかに見える動勢表現などは明らかに，彼らが[　]彫刻から学び取ったものを生かした造像と言える。

図版

① 天平　　② 鎌倉　　③ 飛鳥　　④ 白鳳　　⑤ 平安

問5　次の記述と図版は，江戸時代に建造されたある城郭建築(天守)を示している。平成27年に国宝に指定されたこの城の名称として最も適切なものを，後の①〜⑦から選びなさい。

　国宝に指定された天守は実戦本位の無骨な姿で，戦闘を意識した戦国期の緊張感を今に伝えている。外観四重・内部五階で地階が存在し，入口は，南側正面中央部付櫓。二重櫓の上に，三階建ての櫓

を乗せた望楼型で，三重目の平側に入母屋造りの張り出しを設けた構造である。一，二重目と大入母屋破風までが全面板張で，軒裏も黒いため，重厚感が増している。

図版

① 弘前城　　② 松本城　　③ 犬山城　　④ 彦根城
⑤ 松江城　　⑥ 松山城　　⑦ 丸亀城

問6　次の記述は，ある陶芸作家について述べたものである。この作家として最も適切なものを作家①〜⑥から選びなさい。また，その作家の作品として最も適切なものを，後の図版①〜⑤のうちから選びなさい。

　明治27年に生まれ，東京高等工業学校窯業科を卒業後，京都市立陶磁器試験場を経て，イギリスでバーナード・リーチとともに作陶した。帰国した大正13年に益子で活動を始め，後に民芸運動に参加した。

作家
① 長次郎　　　　② 濱田庄司　　③ 酒井田柿右衛門
④ 今泉今右衛門　⑤ 三輪休雪　　⑥ 野々村仁清

図版

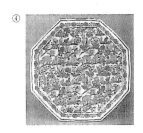

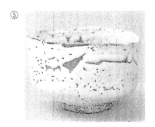

問7　次の記述は，明治から大正にかけての日本の美術の動向につい
て説明したものである。大正時代につくられた作品として適切では
ないものを，後の①～⑤から選びなさい。

　明治40年，文部省の主導で日本画，洋画，彫刻が一堂に会する展
覧会(文展)が始められた一方，官設展である文展の在り方に疑問や
不満をもつ画家たちが互いに同志を求め，新たな美術団体を結成す
る動きもあった。大正に入ると，日本画では再興日本美術院や国画
創作協会，洋画では二科会などの画家たちが新しい表現を目指し，
活動した。

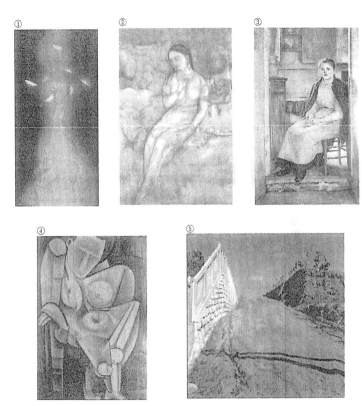

問8　次の記述と図版は，ある作家に関するものである。[　1　]に当
てはまる語句として最も適切なものを，後の語群①〜⑤から選びな
さい。

　また，[　2　]に当てはまる作家として最も適切なものを，後の作
家①〜⑥から選びなさい。

　1960年代には土，石，木，鉄などの素材をあまり手を加えずに展
示する「[　1　]」と呼ばれる作家が現れた。1968年に[　2　]が発
表した「位相−大地」は，現代美術の記念碑的作品とも言われてい
る。

図版

語群
① 具体美術　　② もの派　　③ スーパーフラット
④ 九州派　　⑤ ハイレッド・センター

作家
① 菅木志雄　　② 関根伸夫　　③ 李禹煥
④ 榎倉康二　　⑤ 小清水漸　　⑥ 斎藤義重

(☆☆☆◎◎◎)

【5】世界の美術について，次の各問いに答えなさい。
　問1　次の作品ア～ウは，作家の自画像である。ア～ウの作家が制作
　　した作品として最も適切なものを，後の図版①～⑧のうちからそれ
　　ぞれ選びなさい。

作品

ア　　　　　　　　　　イ　　　　　　　　　　ウ

（作品部分）

218

図版

問2　次の図版は，20世紀以降に活躍した作家の作品てある。ステラ，ロスコ，ホックニーの作品として最も適切なものを，次の①〜⑨のうちからそれぞれ選びなさい。

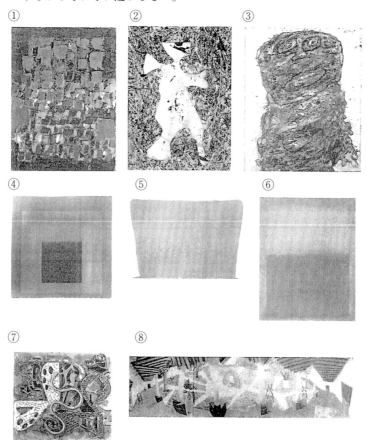

⑨

問3　次のア，イは，西洋の近代建築についての記述である。次のア，イの建築物として最も適切なものを，下の①〜⑦のうちからそれぞれ選びなさい。

　　ア　「シーグラム・ビル」　ミース・ファン・デル・ローエ作　鉄とガラスの建築

　　イ　「ユニテ・ダビタシオン」　ル・コルビュジエ作　マルセイユの実験的集合住宅

①

②

③

④

⑤

⑥　　　　　　　　　　　　　　⑦

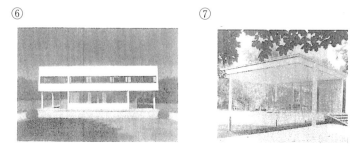

問4　次の記述が説明する作品として最も適切なものを，下の①〜④
のうちから選びなさい。

　この作品は，ロシアの作曲家イーゴリ・ストラヴィンスキーの音
楽をイメージしてつくられました。廃物を用いて機械のように動く
ティンゲリーの作品と，明るい色彩のサンファールの作品によるも
のです。

①　　　　　　　　　　　　　　②

③

④

問5　次の記述は，バーミヤンの世界文化遺産について述べたもので
ある。この記述が説明する図版として最も適切なものを，下の①～
⑥のうちから選びなさい。

　バーミヤンはシルクロードの中間に位置し，東西交流の中心地と
して4世紀ごろから13世紀にかけて栄えた町である。この地では数
多くの仏像や壁画がつくられたが，長い年月の間に破損したものも
あれば，地域紛争による被害を受けたものもある。岩壁に彫られた
高さ55mの西大仏も，2001年に大量の火薬を使って破壊された。写
真は破壊される以前のものであるが，その保護と修復が訴えられて
いる。

①

②

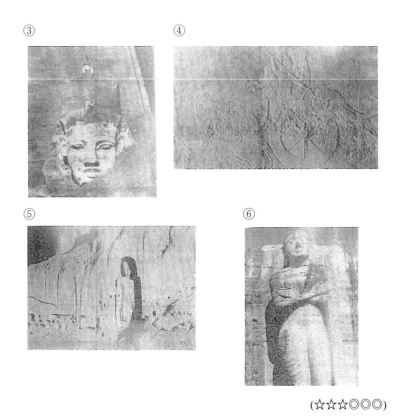

③

④

⑤

⑥

(☆☆☆◎◎◎)

【中学校】

【１】中学校学習指導要領(平成29年3月告示)「第6節　美術」について，
次の各問いに答えなさい。

問1　次の記述は，「第1　目標」である。[　1　]，[　2　]，[　3　]に
当てはまる語句として最も適切なものを，後の①～⑥のうちからそ
れぞれ選びなさい。

表現及び鑑賞の幅広い活動を通して，造形的な[　1　]を働かせ，
生活や社会の中の美術や美術文化と豊かに関わる資質・能力を次の
とおり育成することを目指す。

(1) 対象や事象を捉える造形的な[2]について理解するとともに、表現方法を創意工夫し、創造的に表すことができるようにする。

(2) 造形的なよさや美しさ、表現の意図と工夫、美術の働きなどについて考え、主題を生み出し豊かに発想し構想を練ったり、美術や美術文化に対する見方や感じ方を深めたりすることができるようにする。

(3) 美術の創造活動の喜びを味わい、美術を愛好する心情を育み、感性を豊かにし、[3]を創造していく態度を養い、豊かな情操を培う。

① 感性　　　　② 心豊かな生活
③ 視点　　　　④ よさや美しさ
⑤ 見方・考え方　⑥ 美術作品や文化遺産

問2　次の記述は、〔共通事項〕(1)である。[1]，[2]に当てはまる語句として最も適切なものを、下の①〜⑥のうちからそれぞれ選びなさい。

(1) 「A表現」及び「B鑑賞」の指導を通して、次の事項を身に付けることができるよう指導する。
　　ア　形や色彩、材料、光などの性質や、それらが[1]にもたらす効果などを理解すること。
　　イ　造形的な特徴などを基に、全体のイメージや[2]などで捉えることを理解すること。

① 作風　　② 画風　　③ 行為　　④ 対象　　⑤ 感性
⑥ 感情

(☆☆☆○○○)

【高等学校】

【1】高等学校学習指導要領(平成21年3月告示)「第7節　芸術」の「第2款　各科目」について、次の問いに答えなさい。
　問1　次の記述は、「第4　美術Ⅰ」の「1　目標」である。[1]，

[　2　]に当てはまる語句として最も適切なものを，下の①〜⑥のうちから選びなさい。

　美術の幅広い創造活動を通して，[　1　]を豊かにし，生涯にわたり美術を愛好する心情を育てるとともに，感性を[　2　]，創造的な表現と鑑賞の能力を伸ばし，美術文化についての理解を深める。

① 高め　　　　　② 磨き　　　③ 美的体験
④ 芸術の諸能力　⑤ 美意識　　⑥ 個性豊かな美術の能力

問2　次の記述は，「第4　美術Ⅰ」の「3　内容の取扱い　(5)」の記述である。[　　]に当てはまる語句として最も適切なものを，下の①〜④のうちから選びなさい。

(5)　内容のBについては，日本の美術も重視して扱うとともに，[　　]などについても扱うようにする。

① 世界遺産　　② 世界の美術　　③ 現代美術
④ アジアの美術

問3　「第5　美術Ⅱ」の「2　内容」の「A表現 (1) 絵画・彫刻」の内容として最も適切なものを，次の①〜④のうちから選びなさい。

① 感じ取ったことや考えたこと，夢や想像などから主題を生成すること。
② 目的や条件などを基に，デザイン効果を考えて創造的で心豊かな表現の構想を練ること。
③ 自然，自己，社会などを深く見つめて主題を生成すること。
④ 表現方法を工夫し，主題を追求して表現すること。

問4　「第5　美術Ⅱ」の「2　内容」の「B鑑賞」の内容として最も適切なものを，次の①〜④のうちから選びなさい。

① 美術作品などのよさや美しさ，作者の心情や意図と表現の工夫などを感じ取り，理解を深めること。
② 自然と美術とのかかわり，生活や社会を心豊かにする美術の働きについて考え，理解を深めること。
③ 作品や作者の個性などに関心をもち，発想や構想の独自性，表現の工夫などについて，多様な視点から分析し理解すること。

④　国際理解に果たす美術の役割について理解すること。

(☆☆☆○○○)

解答・解説

【中高共通】

【1】問1　記述…⑤　　著書名…①　　問2　1　②　　2　⑦
　問3　⑤

〈解説〉問1　大正期に端を発する山本鼎による自由画教育は日本の図画教育に大きな問題提起を行った。特に昭和3(1928)年の山本による自由画教育打ち切り宣言と前後して，様々な観点からの図画教育論が巻き起こった。ここに挙げられているものはその主立ったものである。問2　当時，重用されていたいわゆる西洋画法は，表現としての絵を描くためのものではなく，技術的な手段として実用的な面が強かったと言われている。そしてその書き方の教育は臨画(手本の絵を忠実に模写すること)という方法によって行われていた。②の『図法階梯』では図画の有用性や実用性などが述べられている。また，⑦のフェノロサは東京帝国大学に招聘されて哲学や経済学を教えていたが，日本美術の中に優れた芸術性を見出し，大学での受講生であった岡倉覚三(天心)とともに日本美術の復興に力を尽くした。　問3　問題文はヴィクター・ローウェンフェルドによる『美術による人間形成』(1963年)である。ローウェンフェルドは子どもの創造活動の変化を発達段階(①自己表現の最初の段階―なぐりがきの段階：2〜4歳，②再現の最初の試み―様式化前の段階：4〜7歳，③形態概念の成立―様式化の段階：7〜9歳，④写実的傾向のめばえ―ギャング・エイジ：9〜11歳，⑤疑似写実的段階―推理の段階：11〜13歳，⑥決定の時期―創造活動にみられる青年期の危機：13〜17歳)にまとめるとともに，創造活動のタイプを分類し(視覚型と触覚型)，個に応じた指導の必要性を説いた。

【2】問1　⑥　　問2　④　　問3　1　③　　2　⑦　　問4　1　①
2　⑨　　問5　①　　問6　②　　問7　⑤　　問8　⑤

〈解説〉問1　アの正答肢Bのアンリ・マティスは，その強烈な原色と勢
いある筆致から野獣派(フォーヴィズム)の仲間に数えられたが，その
後は単純化された色面の効果を追究するようになり，特に1940年代以
降は切り絵を主な表現手段とした。イの正答肢Eのピエト・モンドリ
アンは抽象絵画の創始者の一人と言われ，新造形主義を提唱した。
「灰色の木」などの作品も有名である。ウの正答肢Cのヴァシリー(ワ
シリー)・カンディンスキーもまた，抽象絵画の創始者の一人と言われ，
独自の抽象絵画論『芸術における精神的なもの』(1912年)を著すなど
し，後に建築家ヴァルター・グロピウスにより創設された総合造形学
校「バウハウス」で教鞭を執った。　問2　アはポール・セザンヌに
よる「りんごとオレンジ」(1899年頃)，イはカラヴァッジョによる
「果物籠」(1599年頃)，ウは上田薫による「なま玉子B」(1976年)，エ
はジャン・シメオン・シャルダンによる「パイプと水差し」(1737年
頃)，オはヤン・ブリューゲル(父)による「青い花瓶の中の花束」(1608
年頃)である。　問3　ネオ・ダダとは，いわゆる抽象表現主義に続く
反芸術の新しい表現スタイルのこと。ラウシェンバーグは，絵画に布
や写真，印刷物などを加えて，雑多なイメージを画面に集めてくるコ
ンバイン・ペインティングを，ジョーンズは国旗や標的などを画面に
クローズアップするなどした。彼らは日常の具体的，卑俗的な，すぐ
それと知れるようなものを画面に登場させ，大胆な画風を示したとさ
れる。　問4　ドーサとは，紙や絹に安定的に絵の具を定着させたい，
またはにじみなく描きたいという場合，基底材(紙や絹など)への準備
として塗るもの。このドーサは，生明礬(みょうばん)を溶かした溶液に膠を加えた
もので，紙や絹の繊維の間にこの液が浸透し，乾燥する過程で皮膜を
作ることを利用して絵の具の定着を安定化させる。　問5　一段目は
メゾチントという銅版画の技法について示したものである。銅版の表
面に無数の傷をつけると，刷るときにインクが拭き取れずに真っ黒に
刷れるところが出てくる。逆に言えば，この傷を絵柄に合わせて削る

ことでインクが拭き取れるようになることから白く絵柄が浮き出てくるのである。なおここで傷を削るのに用いられるものがスクレーパーであり，またロッカーとも言われ，版面で直立させ左右に揺すって傷をつけることから名づけられたとされる。二段目はドライポイントのことである。三段目はアクアチントのことであり，白くしたいところは(エッチングと同じように)グランドまたは止めニスなどを塗っておき，腐食の時間の長さによって濃さを調節する。四段目はソフトグランドエッチングと呼ばれるものである。そもそもエッチングに用いられるグランドはハードグランドと呼ばれ，溶剤が揮発すると固化し触ってもべたつかないものであるが，ソフトグランドの方は，ハードグランドに獣脂を混入し溶剤が揮発した後も適度な可塑性を持つグランドである。この技法は，こうした特性を生かしたもので，描画の際は，表面がざらざらの紙や硬くて薄い布などを版面に当て，硬い鉛筆などで描画すると，圧がかかった部分のグランドが紙や布の方へ移り版面から剥がれるわけだが，その時に紙や布の目の通りに取れるため，腐蝕すると鉛筆やコンテで描画したような効果が得られる。　問6　フランシスコ・デ・ゴヤによる「『ロス・カプリーチョス』：理性の眠りは怪物を生む」(1799年)は，線描によるエッチングとアクアチントによるハーフトーンの混合によるもの。　問7　塑像(粘土)を作品化するためには，耐久性のある材料に置き換えることが必要である。その代表的な方法の一つが石膏どりである。　問8　⑤はマイヨールによる「地中海」(1902〜1905年)である。

【3】問1　④　　問2　④　　問3　②　　問4　①　　問5　⑤
　　問6　作家…②　　図版…③　　問7　⑤　　問8　①
〈解説〉問1　同じ明度の色も暗い背景の中では明るく，明るい背景の中では暗く感じて見える。視認性を高めるためには(当該の対象となるものを見えやすくするためには)，背景との明度差(対比の割合)を考慮することが必要である。　問3　木を用いた工芸品や製品は，作る目的や用途等の違いにより最適な加工法がとられている。図版のアは指物

で，板材を組み合わせて構造物をつくる技法によるものである。イは挽物で，旋盤やろくろなどの回転を利用して挽き成形する技法によるもの，ウは刳物で，木の塊を鋭い斧やのみで彫る技法によるもの，エは曲物で，蒸気などで水分と熱を加え，治具(製品を数多く生産する際に，その質を高精度に均一化するために部品の位置決めや固定して作業を行うことができる構造を持つ作業工具のこと)を使い成形する方法によるもので，檜や杉などの薄板が用いられることが多い。

問4　図版はアイヌ民族の衣装である。なおアイヌ民族とは，おおよそ17世紀から19世紀において東北地方北部から北海道(蝦夷ヶ島)，サハリン(樺太)，千島列島に及ぶ広い範囲をアイヌモシリ(人間の住む大地)として先住していたと言われている。　問5　アール・デコとは，1925年パリで開催された「現代産業装飾芸術国際博覧会」(通称：アール・デコ博)に由来，またそれに象徴される，1910～1930年代の広範な分野の諸芸術の傾向ないしデザインの様式。またアール・デコは一般的にアール・ヌーヴォーとは対極にある幾何学的スタイルが強調されるが，実際その諸作品の形式は多様であり，発想源もさまざまである。本問のカッサンドルはフランスのグラフィック・デザイナーであり，他にも「ノルマンディー号」のポスターを手がけるなど，アール・デコを代表する人物の一人である。なお，①のポップアートとは，イギリスとアメリカの消費社会，大衆文化等を背景とした両国の美術と言われ，1950年代末から1960年代にかけて最盛期を誇った。総じてクールでドライ，即物的，没個性的とも言われる。②の未来派とは，20世紀初頭にイタリアで起こった芸術運動の一派のことで，主な傾向としては，産業革命以降に顕著となった工業機械文明と急速な都市化を背景に，伝統的な芸術と社会を否定して，新しい時代にふさわしい機械美やスピード感，ダイナミズム(力強い動き)を賛美するもの。③のアール・ヌーヴォーとはフランス語で「新しい芸術」の意味。19世紀末～20世紀初頭のヨーロッパにおける機械化によるいわゆる直線主義に対して，主に植物や自然の曲線をモチーフにした装飾的な芸術のことである。④のナビ派とは，1890年代にポン＝タヴェン派の一員であっ

たポール・セリュジエを中心に，パリのアカデミー・ジュリアンに通う若い画家たちによって結成された集団である。 問6 作家肢①のエリック・カール(アメリカ)は図版肢②「はらぺこあおむし」の作者であり，作家肢③のトーベ・ヤンソン(フィンランド)は図版肢①の「ムーミン」，作家肢④のアネット・チゾン(フランス)は図版肢⑤の「バーバパパとバーバママ」，作家肢⑤のゲオルグ・ハレンスレーベン(ドイツ)は図版肢④の「ペネロペ」のそれぞれ作者である。 問7 表に示されている災害種別の図記号は，JIS(日本工業規格)で規定されたものである。またJISが規定する安全色・識別表示の色における安全色の意味として，例えば黄色は注意，緑は安全や避難，進行などが挙げられている。 問8 神奈川県立近代美術館は，1951年に日本で最初の公立近代美術館として鎌倉市の鶴岡八幡宮境内に開館し，国際的に高い評価を受けた。

【4】問1 ④ 問2 ⑤ 問3 ア ④ イ ② 問4 ①
問5 ⑤ 問6 作家…② 図版…① 問7 ③ 問8 1 ②
2 ②

〈解説〉問1 図版の作品は「にっぽんの湯屋(男湯)」(2000年)である。
問2 浮世絵は，江戸初期に絵入本の挿絵から独立して描かれるようになった墨摺一枚絵に始まると言われる。やがて，より豊かな色彩表現が求められるようになり，墨摺絵に彩色するいくつかの技法が生まれた。丹絵は，墨摺り版画に鉛に硫黄と硝石を加えて焼いた「丹」と呼ばれる朱色を手彩色で加えたものであり，錦絵以前の初期の浮世絵版画に多くみられたという。紅摺絵は，版木に見当をつけることによって生まれた錦絵以前の初歩的な多色摺り版画のことで，墨，赤，緑，の3色摺りが多いとされる。錦絵とは，鈴木春信によって明和2(1765)年にその技法が確立された，色鮮やかな多色摺木版画のことである。
問4 図版は東大寺南大門にある仁王像(金剛力士像)の吽形である。鎌倉時代(1203年)に運慶，快慶らが中心となって造立した寄木造の大作で，大仏殿に向かって左側が開口する阿形，右側が吽形である。

問6　問題文中の「民芸運動」とは，1926(大正15)年に，柳宗悦・河井寛次郎・濱田庄司らによって提唱されたいわゆる生活文化運動。当時の工芸界において主流を占めていた華美な観賞用の装飾性ではなく，名もなき職人の手から生み出された日常の生活道具(民芸)にこそ美術品に負けない美しさがあると唱え，美は生活の中にあるとするものである。　問7　③は黒田清輝による「婦人像(厨房)」で明治25(1892)年のものである。なお①は速水御舟による「炎舞」(1925年)，②は村上華岳による「裸婦図」(1920年)，④は萬鉄五郎による「もたれて立つ人」(1917年)，⑤は岸田劉生による「道路と土手と塀」(1915年)である。問8　もの派とは，1960年代後半から1970年代にかけて，日本で独自に展開した運動で，土や石，木，鉄などの素材にあまり手を加えず，ほとんど直接的に提示し，物質同士，物質と空間の関係を問うような立体構成を行った一連の作家に付けられた名称。図版の作者である関根伸夫の他に作家群に示された①菅木志雄，③李禹煥，④榎倉康二，⑤小清水漸らは，いわゆるもの派の作家である。なお⑥の斎藤義重は，そうした小清水や菅木などをはじめとする多くのもの派の作家に影響を与えたとされている。

【5】問1　ア　⑧　　イ　③　　ウ　⑦　　問2　ステラ…⑦　　ロスコ…⑥　　ホックニー…⑧　　問3　ア　②　　イ　⑤　　問4　③　問5　⑤

〈解説〉問1　アはディエゴ・ベラスケスの自画像で，作品は図版肢⑧の「バッカスの勝利」(1629年)である。またイはアルブレヒト・デューラーの自画像であり，作品は図版肢③の「手」(1508年)，ウはサルバドール・ダリの自画像で，作品は図版肢⑦の「立体鏡的絵画の中のダリとガラ」(1973年)である。　問2　フランク・ステラはミニマル・アートの先駆と言われるアメリカの芸術家で，幾何学的な構成から反立体のレリーフ状の絵画へと表現の幅を広げていった。マーク・ロスコはアメリカで活躍した画家で，主としてマルチフォームと呼ばれる，画面の中に複数の色面が浮かぶスタイルの抽象画(やがて縦長の大画面に

2〜3つの矩形が浮かぶようになる)が有名である。デイヴィッド・ホックニーはイギリスの芸術家で，日常的な生活風景や具象的形態による絵画を好んで描き，後には版画や写真，コピー機による作品なども発表している。　問3　肢①はクライスラー・ビルディングでウイリアム・ヴァン・アレンの設計である。また，肢③はグッゲンハイム美術館でフランク・ロイド・ライトの設計による。肢④は国際連合本部ビルでル・コルビュジエらを中心とした委員会が基本構想をつくり，W・ハリソンを中心に設計・建設された。肢⑥はサヴォワ邸でル・コルビュジェによるもの。肢⑦はがファーンズワース邸でミース・ファン・デル・ローエによるものである。　問4　説明文が示しているのは，フランス・パリにあるポンピドゥー・センターに隣接するストラヴィンスキー広場である。　問5　アフガニスタン北西部のバーミヤン渓谷にあるバーミヤン遺跡は，5〜8世紀頃に造営されたと言われ，世界最大級の大仏立像(西大仏：高さ約55m，東大仏：高さ約38m)で有名であった。

【中学校】

【1】問1　1　⑤　　2　③　　3　②　　問2　1　⑥　　2　①
〈解説〉平成29年度に改訂された新学習指導要領は，いわゆるコンピテンシー・ベースすなわち育成したい資質・能力の観点から構成されていると言われる。つまり教科の目標は，教科で何を学ぶのかを明確に示すとともに，具体的に育成することを目指す資質・能力として「(1)『知識及び技能』，(2)『思考力，判断力，表現力等』，(3)『学びに向かう力，人間性等』」という三つの柱を掲げている。そして，(1)〜(3)のそれぞれは，(1)造形的な視点を豊かにするために必要な知識と，表現における創造的に表す技能に関するもの，(2)表現における発想や構想と，鑑賞における見方や感じ方などに関するもの，(3)学習に主体的に取り組む態度や美術を愛好する心情，豊かな感性や情操などに関するもの，などと対応するかたちで整理されて示されているのである。さらにこれら(1)〜(3)は，相互に関連させながら育成できるようにする必

要があるともされているため，構造的にきちんと理解しておくことが
必要である。また，これに伴い，内容についても資質・能力を相互に
関連させながら育成できるよう整理したとされている。具体的には，
「知識」については〔共通事項〕，「技能」は「A表現」(2)の指導事項に
位置付けられており，「思考力，判断力，表現力等」は「A表現」(1)お
よび「B鑑賞」(1)の指導事項に，「学びに向かう力，人間性等」は「A
表現」「B鑑賞」および〔共通事項〕を指導する中で一体的，総合的に
育成していくものとされている。さらに，こうした整理・変更に伴い，
それぞれにおいて用いられている文言も変更されていたり付け加えら
れたりしているところがあるので，そうした要所をきちんと押さえて
おくことも必要である。

【高等学校】

【１】問1　1　③　　2　①　　問2　④　　問3　③　　問4　③
〈解説〉現行の高等学校学習指導要領(平成21年3月告示)からの出題であ
る。今後は，平成30年度に改訂された新学習指導要領からの出題も予
想されるため，現行版からの改訂点を中心に精読しておくこと。新学
習指導要領では，いわゆるコンピテンシー・ベースすなわち育成した
い資質・能力の観点から構成されているといわれる。教科の目標は，
教科で何を学ぶのかを明確に示すとともに，具体的に育成することを
目指す資質・能力を「(1)『知識及び技能』，(2)『思考力，判断力，表
現力等』，(3)『学びに向かう力，人間性等』」という三つの柱として掲
げている。これら(1)～(3)は，相互に関連させながら育成できるように
する必要があるともされており，構造的にきちんと理解しておくこと
が必要である。また，これに伴い，内容についても資質・能力を相互
に関連させながら育成できるよう整理したとされている。具体的には，
「知識」については〔共通事項〕，「技能」は「A表現」(1)から(3)まで
のイの指導事項に位置付けられており，「思考力，判断力，表現力等」
は「A表現」(1)から(3)までのアの指導事項および「B鑑賞」(1)の指導
事項に，「学びに向かう力，人間性等」は「A表現」，「B鑑賞」および

〔共通事項〕を指導する中で一体的，総合的に育成していくものとされている。さらに，こうした整理・変更に伴い，それぞれにおいて用いられている文言も変更されていたり付け加えられたりしているところがあるので，そうした要所をきちんと押さえておくことも必要である。

2018年度　実施問題

【中高共通】

【1】美術に関する教育について，次の各問いに答えなさい。

問1　次の記述ア，イは，美術教育に関係する人物について述べたものである。この記述が示す人物として最も適切なものを，下の①〜⑤のうちからそれぞれ選びなさい。

> ア　幼児教育の重要性を唱え，幼稚園の創設者として知られている人物である。彼は，幼児のための20種類からなる遊具を創作し，それらを使った構成や図画などの学習方法をつくった。

> イ　「芸術による教育」の著者で，子どもの絵画表現を「思考型」「感情型」「感覚型」「直覚型」などに類型化した。

① ルドルフ・シュタイナー　　② ヨハネス・イッテン
③ ハーバート・リード　　　　④ フリードリヒ・フレーベル
⑤ エリオット・アイスナー

問2　フランツ・チゼックに関する記述として適切ではないものを，次の①〜⑤のうちから選びなさい。

① ウイーンにて児童美術教育の実験を始め，1903年国立美術工芸学校に児童美術教室を開いた。

② 「夏や秋にも多くのことがあるけれども，春は二度と来ない」と，1歳〜7歳までの幼児期の造形表現の重要性を説いた。

③ 自然や人工物のコピーはアートではないと主張。「子どもたちをして成長せしめよ，発展させ，成熟せしめよ」の言葉を残した。

④ 美術教育の開拓者としての役割を果たし，その成果は久保貞次郎による戦後の日本の美術教育の原動力となった。

⑤ ドイツのワイマールに創設した造形専門学校バウハウスにおい

て，基礎造形教育(訓練)の設置を提案した人物。

問3　次の記述ア，イは，明治以降の日本の美術教育について述べた
　　ものである。 [1], [2]に当てはまる語句として最も適切
　　なものを，下の①～⑥のうちから選びなさい。

> ア　川上寛が翻訳し明治4年に刊行された図画の教科書[1]
> 　には，図画の有用性，実用性が述べられている。またその
> 　教育は，範となる手本画(臨本)を正確に模写すること，すな
> 　わち臨画という方法で行われていた。

> イ　米国で使用されていた図画教科書を手本にして編纂され
> 　たといわれている国定教科書[2]は明治43年に刊行され
> 　た。従来の臨画教育から記憶画への転換を図り，児童の発
> 　達を考慮したものである。

①　西画指南　　　②　鉛筆画手本
③　毛筆画手本　　④　新定画帖
⑤　小学図画　　　⑥　普通学校教科用図画調査

(☆☆☆◎◎◎)

【2】感じ取ったことや考えたことを基にして表現する活動に関して，次
　の各問いに答えなさい。

　問1　次の記述ア，イの[1], [2]に当てはまる語句として最も
　　適切なものを，後の①～⑧のうちからそれぞれ選びなさい。

> ア　次の作品は，いろいろな角度から見た形を合成して描か
> 　れている。このような描き方をする画家たちによる美術の
> 　動向は[1]と呼ばれ，透視図法にとらわれず，画面全体
> 　を構成し直して描いた。

「ギターを持つ男」

> イ　次の作品に代表されるような激しい色遣いをする美術の
> 動向は[　2　]と呼ばれた。次の作品は奥行きのある室内に
> 赤色を大胆に使って平面的に構成し，華やかな装飾性が生
> み出されている。

「赤い食卓」

①　フォーヴィスム　　　　②　抽象表現主義
③　シュルレアリスム　　　④　キュビスム
⑤　アール・ヌーヴォー　　⑥　アール・デコ
⑦　ダダイズム　　　　　　⑧　ピュリスム

問2　次の記述は，絵画における空間表現の工夫について述べたもの
である。[　1　], [　2　]に当てはまる語句として最も適切なもの
を，後の①〜⑥のうちから選びなさい。

　西洋では，ルネサンス期(14〜16世紀)に[　1　]が工夫された。これは，定められた点(消失点)に向かって，すべてのものが小さくなるよう描く方法である。レオナルド・ダ・ヴィンチの壁画「最後の晩餐」では，絵の中の壁の高さや天井の幅が，中央に向けて次第に小さくなっていくことで奥行きを感じさせている。いっぽう東洋では，視点の位置を変え，異なる奥行き感を出す手法が中国で研究された。それは三つの視点から山を見る方法で，「三遠」と呼ばれる。そのうち[　2　]とは山の麓から山頂を見上げる構図である。

①　空気遠近法　　②　線遠近法　　③　俯瞰図法　　④　高遠
⑤　深遠　　　　　⑥　平遠

問3　次の記述は，18世紀の日本の美術の表現活動について述べたものである。下線部(ア)，(イ)の作家の作品として最も適切なものを，後の図版①〜⑤のうちから選びなさい。

　18世紀の日本は，江戸時代の中期にあたり，安定した社会情勢の下で，京都を中心に独自の文化が花開いた。中でも，絵画の世界では，尾形光琳，伊藤若冲，(ア)円山応挙らが，写生を基盤とした装飾性豊かな造形美を展開した。
　18世紀の後半からは文化の中心が江戸に移るにつれ，鎖国の中で得た貴重な情報をもとに，西洋流の描き方が発生した。(イ)小田野直武の作品に見られる陰影法や，近景と遠景を極端に強調した遠近表現もその一つである。

図版

問4　次の記述は，後期印象派の画家について述べたものである。
　[　　]に当てはまる作家名として最も適切なものを，後の人物名①
　〜⑥のうちから選びなさい。また，その作家の作品として最も適切
　なものを，後の図版①〜④のうちから選びなさい。

　　　後期印象派の画家[　　]の作品に抽象絵画への展開を見るこ
　とができる。彼は故郷のサント・ヴィクトワール山を何度も
　描いているが，木々や家，山は次第に単純化され，形と色で
　画面を構成しようという意識が強くなっていく過程が見てと

れる。彼は，のちの抽象画家たちに強い影響を与えた。

人物名

① ポール・セザンヌ　　② ポール・ゴーギャン

③ ジョルジュ・ブラック　④ クロード・モネ

⑤ ジョルジュ・スーラ　⑥ フィンセント・ファン・ゴッホ

図版

①

②

③

④

問5　次の記述と作品は，作家フェルナンド・ボテロのものである。
[　1　]に当てはまる素材として最も適切なものを，素材①～⑥のう
ちから選びなさい。また，この素材が使われている作品は図版ア～
エの中にいくつあるか。その数として最も適切なものを後の語群①
～④のうちから選びなさい。

「フェルナンド・ボテロの言葉」

　[　1　]は彫刻の素材の中で，最も美しく，最も高貴で，芸術家の意図に敏感に反応してくれる。金属の酸化によって実現される緑青（ろくしょう）は幅広い可能性をもっている。

　[　1　]という素材の表面に光が戯（たわむ）れることによって深い影が生まれ，その中に神秘的な感覚が醸し出される。

作品

「トルソー」1981 年

素材

① シルバー　　② アルミニウム　　③ 鉄　　④ ブロンズ

⑤ 鋼　　　　⑥ クロム

図版

ア　　　　　　　　　　　　　イ　　　　　　　　ウ

エ

語群

①　1つ　　②　2つ　　③　3つ　　④　4つ

問6　次の記述は，絵の具の組成について述べたものである。記述の中の下線部(ア)～(エ)の絵の具について，顔料と展色剤(固着剤)の組合せとして最も適切なものを，下の組合わせ①～⑥のうちから選びなさい。

> 絵の具は顔料を展色剤(固着剤)で練って作る。展色剤によって顔料は画面に定着する。練り合わせる展色剤の違いによって(ア)油絵の具，(イ)水彩絵の具，(ウ)アクリル絵の具，(エ)日本画の絵の具などの区別が生じる。

組合わせ

	(ア)	(イ)	(ウ)	(エ)
①	グランド	アラビアゴム	アルキド樹脂	水
②	乾性油	水	アクリルエマルジョン	膠
③	乾性油	アラビアゴム	アクリルエマルジョン	膠
④	グランド	膠	アルキド樹脂	水
⑤	グランド	水	アクリルエマルジョン	膠
⑥	乾性油	アラビアゴム	アクリルエマルジョン	水

(☆☆☆○○○)

【3】伝える，使うなどの目的や機能を基にして表現する活動に関して，次の各問いに答えなさい。

問1　次の記述は色彩について述べたものである。[　1　]，[　2　]に当てはまる語句として最も適切なものを，下の①〜⑧のうちから選びなさい。

> 　絵の具やインクなどの色(色料と言う)は，混色すると暗くなるので，このような混色を[　1　]と言う。また，色を持った光(色光と言う)は，混色すると明るくなるのでこのような混色を[　2　]と言う。

① 色彩混色　　② 減法混色　　③ 色光混色

④ 透明光混色　　⑤ マンセル混色　　⑥ 三原色混色

⑦ 加法混色　　⑧ 色相混色

問2　次の記述ア〜オは作品a〜eについて述べたものである。記述ア〜オと後の作品a〜eの組合せとして最も適切なものを，後の組合せ①〜⑤のうちから選びなさい。

> ア　ブナ材を蒸して曲げ木にすることでデザインされた椅子。流麗な曲線から生まれるリズム感が心地よい。
>
> イ　木材の端の断面を三角にして細くし，差し込み方式で各パーツを接合する構造になっているため，軽量ながら丈夫な椅子となった。
>
> ウ　背と座面までと，肘掛と脚がそれぞれ1枚の合板でできている。曲面が多いので柔らかい印象を与える。
>
> エ　作者は「休養のための機械」と呼んだ。リビングでくつろぐための寝椅子。座面の傾きを自由に変えることができる。
>
> オ　1本ずつ異なる曲線をもつスチールを溶接してつくられた椅子。革のクッション部分を取り外して使うこともできる。

作品

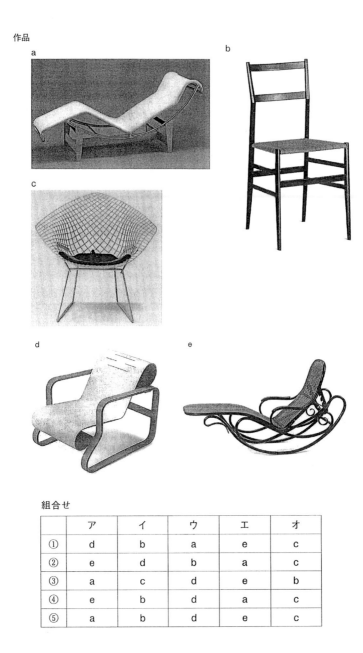

a

b

c

d

e

組合せ

	ア	イ	ウ	エ	オ
①	d	b	a	e	c
②	e	d	b	a	c
③	a	c	d	e	b
④	e	b	d	a	c
⑤	a	b	d	e	c

問3　次の記述と図版から[　　]の人物名として最も適切なものを，下の人物名①～⑤のうちから選びなさい。

> 　[　　]は，建築家として社会全体のためにできることがあるのではないかという思いから，自然災害で家を失った人たちに，安全で住み心地のよい仮設住宅を速やかに供給する災害復興支援の活動を展開し，地域の人に感動や生きる喜びを与えている。また避難所においては，次の図版のような紙管を活用した間仕切りを設置した。

図版

人物名

① 内藤廣　　② 伊東豊雄　　③ 坂茂　　④ 安藤忠雄

⑤ 隈研吾

問4　次の記述は，図版の建築物について述べたものである。[　　]に当てはまる建築家として最も適切なものを，後の人物名①～⑤のうちから選びなさい。

　また，[　　]の建築作品として最も適切なものを，後の建築①～⑤のうちから選びなさい。

> 　アメリカの建築家である[　　]は，自然と建築の調和をテーマとした住宅建築を数多く手がけた。それらは形式的には水平方向の強調，自然と人工物との調和を特徴とするもので「カウフマン邸」(落水荘)は，自然と人工物との調和を目ざした造形の傑作とされる。

246

図版

人物名

① ル・コルビュジエ　　　② ミース・ファン・デル・ローエ

③ ヴァルター・グロピウス　④ フランク・ロイド・ライト

⑤ リチャード・マイヤー

建築

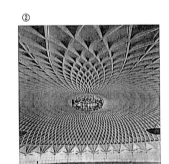

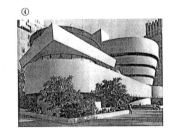

247

⑤

問5　次の記述は七宝について述べたものである。[　　]に当てはまる
語句として最も適切なものを，下の語群①〜⑤のうちから選びなさ
い。また，この技法を使って制作された図版の作者として最も適切
なものを，後の人物名①〜⑤のうちから選びなさい。

> 　七宝は銅，銅合金，銀などの素地にガラス質の釉薬を焼き付
> けたものである。ガラス質の鮮やかな色彩と金属の輝きの結び
> つきによる独特の華やかさから，装身具やさまざまな器物など
> がつくられている。七宝という言葉は，金，銀，瑠璃(るり)，
> 玻璃(はり)，硨磲(しゃこ)，赤朱(しゃくじゅ)，瑪瑙(めのう)を
> さす。[　　]にいう七種の宝石という意味である。

語群
①　儒教　　②　仏教経典　　③　イスラム教聖典　　④　四書
⑤　ケルズの書

図版

「シルフィード」

248

人物名
① エミール・ガレ　　② アンリ・ヴァン・ド・ヴェルド
③ エクトール・ギマール　　④ アルフォンス・ミュシャ
⑤ ルネ・ラリック

問6　日本のやきものについての次の記述ア～エと下の図版a～dとの組合せとして最も適切なものを，後の組合せ①～⑤のうちから選びなさい。

> ア　愛知県瀬戸市を中心に発達し，鎌倉から室町期に，唯一，釉薬をかけたやきものを作った。灰釉や鉄釉とともに印花・画花・貼花などの装飾文様が発達して華やかに器面を飾った。
> イ　釉薬を掛けずに焼き締める。土が窯の中で炎に焼かれる過程で偶然にもたらされる土肌の変化が魅力である。窯の中に置かれる位置で炎の流れが異なるため焼き上がりが同じものはない。
> ウ　佐賀県で朝鮮の陶工・李参平(和名：金ヶ江三兵衛)が白磁の原石となる磁石を発見し，日本初の磁器の焼成に成功した。初期のやきものは染付が中心だった。
> エ　発祥や廃業の経緯などは明確ではない。元禄始め廃業になって百年後，金沢で窯を開き再興した。上絵付けの華麗な色彩と大胆なデザインが特徴である。

図版　a

b

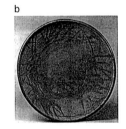

c 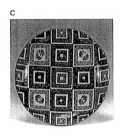　　　d

組合せ

	ア	イ	ウ	エ
①	c	a	d	b
②	d	b	c	a
③	c	a	b	d
④	d	b	a	c
⑤	b	d	c	a

(☆☆☆○○○)

【4】日本の美術に関して，次の各問いに答えなさい。

問1　次の記述は，図版の作者について述べたものである。[　　]に当
てはまる作者名として最も適切なものを，後の人物名①～⑥のうち
から選びなさい。また，図版の作品名として最も適切なものを作品
名①～⑥のうちから選びなさい。

　　図版の作者の[　　]は，1875年京都に生まれた。父は作者が
生まれる2か月前に亡くなり，葉茶屋(茶葉を売る店)を一人で
切り盛りをしていた気丈な母に育てられた。小学校を卒業す
ると母は周囲の反対を押し切って，作者を京都府画学校に進
学させた。頭角はすぐに表れ，15歳のとき，内国勧業博覧会
に「四季美人図」を出品し，1等褒状を得た。

図版

人物名

①　川合玉堂　　②　平福百穂　　③　小林古径　　④　上村松園

⑤　土田麦僊　　⑥　川端龍子

作品名

①　夕暮　　　　②　焔　　③　序の舞　　④　彩雨

⑤　堅田の一休　　⑥　髪

問2　次の図版は定朝が制作した国宝の「阿弥陀如来坐像」である。この像と関わりが深い建築物として最も適切なものを，次の建築物①〜⑥のうちから選びなさい。

図版

建築物

①

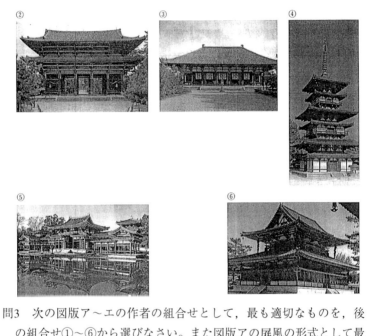

問3　次の図版ア～エの作者の組合せとして，最も適切なものを，後
の組合せ①～⑥から選びなさい。また図版アの屏風の形式として最
も適切なものを，後の語群①～⑥のうちから選びなさい。

図版

ア

イ

252

ウ

エ

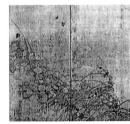

組合せ

	ア	イ	ウ	エ
①	速水御舟	横山大観	円山応挙	尾形光琳
②	狩野永徳	長沢芦雪	尾形光琳	酒井抱一
③	速水御舟	横山大観	尾形光琳	酒井抱一
④	狩野永徳	速水御舟	円山応挙	尾形光琳
⑤	横山大観	長沢芦雪	狩野永徳	円山応挙
⑥	狩野永徳	速水御舟	横山大観	円山応挙

語群

①　二曲一双　　②　四曲一双　　③　六曲一双

④　二曲二双　　⑤　四曲二双　　⑥　六曲二双

問4　次の記述は，江戸時代の浮世絵の作家について述べたものである。[　　]に当てはまる人物として最も適切なものを，後の人物名①～⑥のうちから選びなさい。また，後の図版ア～カの中で，[　　]の作品として適切でないものどうしの組合せを，後の語群①～⑥のうちから選びなさい。

253

[　　]は，1760年江戸本所に生まれた。6歳のころから描くことに興味を持ち，14歳か15歳のときには木版印刷の版木を彫る仕事をしていたという。彼の作品は日本ばかりでなく，海外でもその評価は高い。1999年にアメリカの雑誌が選んだ「この1000年で最も重要な功績を残した世界の人物100人」に日本人でただ一人選ばれた。

人物名

① 東洲斎写楽　② 歌川国貞　③ 歌川広重
④ 菱川師宣　⑤ 葛飾北斎　⑥ 喜多川歌麿

図版

ア

イ

ウ

エ

オ

カ

語群

① イ　オ　② ウ　オ　③ イ　エ　④ ウ　カ
⑤ ア　カ　⑥ ア　エ

問5　次の記述ア～ウは，現代の日本の美術作家について述べたもの

である。それぞれの作家の作品を図版①〜⑥の中のうちからそれぞれ選びなさい。

ア　小学生のころから頭の中や視界に，現実とは違う世界が見えていたという。若いこうから精神を患っていた作者に，その後の制作のモチーフとして使われるようになったのが，水玉と網目である。1959年，ニューヨークで画面全体を網で覆った巨大作品を制作して脚光を浴びた。

イ　1960年代には劇団や舞踏公演などのポスターを作り続け，世界に興ったポップ・アートやサイケデリック・アートと呼応し，時代を最も鋭敏に捉えたデザインとして評価された。作者はグラフィックデザイナーとして世に出たが，1980年ころニューヨーク近代美術館でのピカソの大回顧展を見て感動し，画家宣言をして油絵による作品を数多く描き続けてきた。

ウ　18歳の時に父の仕事に同行するため，東京美術学校を中退しパリに渡った。1932年ピカソの抽象画に衝撃を受け，抽象芸術の運動に参加した。その後，具象と非具象を絡めた独自の絵画「傷ましき腕」を発表し，シュルレアリストの画家たちに激賞された。また戦後は二科会を中心に活躍し，世界の前衛芸術を日本に紹介した。

図版　①

②

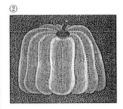

③

④　　　　　　　⑤　　　　　　　⑥

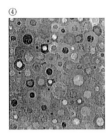  

(☆☆☆◎◎◎)

【5】西洋の美術について，次の各問いに答えなさい。

　問1　次の記述はロザリオ礼拝堂について述べたものである。この礼拝堂をつくった人物が描いた絵画作品として最も適切なものを，後の図版①～④のうちから選びなさい。

> 　建物の外観はごくつつましい。だが，内部には彼の色彩世界が広がっている。白を基調とする床や壁に，ステンドグラスから黄色や青，緑の光が差し込み，黒い描線で壁に書かれた聖母子や聖人を柔らかく照らし出す。
>
> 　彼は晩年，切り絵の手法を通して，単純なかたちと色彩によるリズミカルな構成を追求していた。このステンドグラスのデザインも，切り絵の手法から生まれたものである。

「ロザリオ礼拝堂」

問2 次の記述が説明する彫刻作品として，最も適切なものを，後の
図版①～④のうちから選びなさい。

古代ギリシャ伝説のなかのトロイアの神官をあらわした彫
刻。16世紀初頭にローマで発掘され，その激しい動きと悲痛
な表情はルネサンス時代の画家や彫刻家に大きな衝撃を与え
た。若き日のミケランジェロもその一人だった。彼は，写実
的な描写や均整のとれたプロポーションだけでなく，身体の
動きを通して人間的な感情や心の状態までも表現しようとし
た。

図版

①

②

③

④

問3　次の記述は，マニエリスムの様式的特徴について述べたもので
ある。マニエリスムの画家の作品として最も適切なものを，後の図
版①〜④のうちから選びなさい。

　　マニエリスムの様式的特徴としては，人体の自然な比例を
　逸脱した極端な長身化，冷たく鮮やかな色調，表面の滑らか
　な仕上げ，短縮法や遠近法の誇張，非合理的な空間表現，複

雑な寓意表現や官能美の追求等が挙げられる。宗教改革やローマ略奪等の時代の精神的不安の表現と捉える見方もある。

図版

問4　次の記述は，ゴシック建築について述べたものである。[　　]に当てはまる語句として最も適切なものを，後の語群①~④のうちから選びなさい。

　また，下線部の作例として最も適切なものを，後の図版①~④のうちから選びなさい。

　　ゴシック建築では，内部にあった構造柱が外に出され，薄くて広い壁が可能になった。厚い壁がいらなくなったことで，壁には[　　]がはめ込まれるようになった。
　　また柱の一部のような人物像は徐々に独立した丸彫りとなり，表情にも人間的な感情表現がなされた写実表現が見られる。優美な姿態と体の動きに合わせて流れるような流麗な衣のひだに特徴がある。

語群
① フレスコ画　　② ステンドグラス　　③ モザイク画
④ 浮彫り

図版

①

②

③

④

問5 次の記述は，20世紀のある芸術運動について述べたものである。
この芸術運動の名称として，最も適切なものを，下の語群①〜④の
うちから選びなさい。

また，下線部の作品として最も適切なものを，後の図版①〜④の
うちから選びなさい。

> 権威となってしまった伝統的な「芸術的価値」に対して，
> 「反芸術」という立場でそれを打ち壊し，芸術活動に革新的な
> 活路を見いだそうとする運動。またある作家は，従来の芸術
> 的価値に対する皮肉を込めて，「泉」のようなレディ・メイド
> を作品として展示した。

語群
① ポップアート　② コンセプチュアル・アート
③ アンフォルメル　④ ダダイズム

図版
① 　　　　　　　　　　　　②

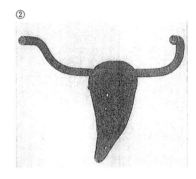

③　　　　　　　　　　　④

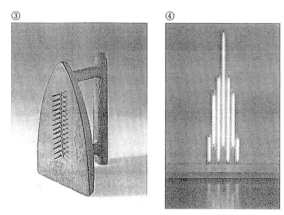

問6　次の記述は，ジム・ダインの銅版画の作品について述べたもの
　　である。[　　]に当てはまる技法名として最も適切なものを，後の
　　技法名①〜⑥のうちから選びなさい。

　　この作品は初め，短い毛の刷毛を描いた作品として制作さ
　れた。その後，同じ版を用いて，刷毛の毛をさらに伸ばして
　連作としてこの作品を制作した。彼は，[　　]の精密な線の表
　現が，毛の性質をあらわすのに絶好の手段であると考えてい
　た。制作当時，彼は豊かなあごひげを生やしており，この作
　品は一種の自画像でもある，と話している。

作品

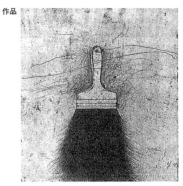

「黒いあごひげ」

262

技法名

① リトグラフ　　② ステンシル　　③ エッチング

④ アクアチント　⑤ シルクスクリーン　⑥ メゾチント

問7　次の記述は，未来派の画家・彫刻家のボッチョーニについて述べたものである。ボッチョーニの彫刻作品として最も適切なものを，下の彫刻①〜④のうちから選びなさい。

　また，未来派の絵画作品として最も適切なものを，後の絵画①〜④のうちから選びなさい。

　未来派の芸術家たちは現実の機械文明を賛美し，「すべては運動，運動する物体は空間における振動のごとく増殖する」と宣言。1912年ボッチョーニは「未来派彫刻技術宣言」の中で造形的必要があれば，一つの作品に材料を何種類でも使ってもいいし，モーターで動かしても，光を使ってもいいとまで言っている。現在ではこのような作品はごく一般的に通用しているが，彼らは，若さ，機械，運動，力，速度などを取り入れたダイナミックな造形を志向したのだった。

彫刻

① 　② 　③ 　④

絵画

(☆☆☆◎◎◎)

【中学校】

【１】平成20年3月に告示された中学校学習指導要領の「美術」について，次の各問いに答えなさい。

　問1　次の記述は，「第1　目標」である。[　1　]，[　2　]に当てはまる語句として最も適切なものを，後の①～⑥のうちからそれぞれ選

びなさい。

> 　表現及び鑑賞の幅広い活動を通して，美術の創造活動の
> [　1　]美術を愛好する心情を育てるとともに，[　2　]，美術
> の基礎的な能力を伸ばし，美術文化についての理解を深め，
> 豊かな情操を養う。

①　意欲を高め　　　　　　②　喜びを味わい
③　美術の働きなどを感じ取り　④　感性を豊かにし
⑤　技能を身につけ　　　　⑥　見方や考え方を培い

問2　次の記述は，「第2　各学年の目標及び内容」に示された〔第1学
　年〕で扱う「2　内容」の「A　表現」(1)(3)の記述である。[　1　]，
　[　2　]に当てはまる語句として最も適切なものを，下の①〜⑥のう
　ちからそれぞれ選びなさい。

> (1)　感じ取ったことや考えたことなどを基に，絵や彫刻など
> 　に表現する活動を通して，発想や構想に関する次の事項を
> 　指導する。
> 　ア　対象を見つめ感じ取った形や色彩の特徴や美しさ，想
> 　　像したことなどを基に主題を生み出すこと。
> 　イ　主題などを基に，[　1　]などを考えて創造的な構成を
> 　　工夫し，心豊かに表現する構想を練ること。
> (3)　発想や構想をしたことなどを基に表現する活動を通して，
> 　技能に関する次の事項を指導する。
> 　ア　形や色彩などの表し方を身に付け，意図に応じて材料
> 　　や用具の[　2　]などを考え，創意工夫して表現すること。
> 　イ　材料や用具の特性などから制作の順序などを考えなが
> 　　ら，見通しをもって表現すること。

①　生かし方　　　　②　単純化や省略，組合せ
③　新たな表現方法　④　使いやすさ
⑤　全体と部分との関係　⑥　自分の価値意識

問3　次の記述は,「第2　各学年の目標及び内容」の〔第1学年〕の「2　内容」の〔共通事項〕である。[　ア　],[　イ　]に当てはまる語句の組合せとして最も適切なものを,下の①～⑥のうちから選びなさい。

> (1)「A表現」や「B鑑賞」の指導を通して,次の事項を指導する。
>
> 　ア　形や色彩,材料,光などの[　ア　]や,それらがもたらす[　イ　]を理解すること。
>
> 　イ　形や色彩の特徴などを基に,対象のイメージをとらえること。

①　ア ― 生命感　　イ ― 可能性
②　ア ― 生命感　　イ ― 影響
③　ア ― 性質　　　イ ― 可能性
④　ア ― 機能　　　イ ― 感情
⑤　ア ― 機能　　　イ ― 影響
⑥　ア ― 性質　　　イ ― 感情

(☆☆☆◎◎◎)

【高等学校】

【1】平成21年3月に告示された高等学校学習指導要領の「芸術」のうち「第4　美術Ⅰ」,「第5　美術Ⅱ」について,次の各問いに答えなさい。

問1　次の記述は「第4　美術Ⅰ」の「1　目標」である。[　1　]～[　3　]に当てはまる語句として最も適切なものを,後の①～⑨のうちからそれぞれ選びなさい。

> 　美術の幅広い創造活動を通して,[　1　]を豊かにし,生涯にわたり美術を愛好する心情を育てるとともに,[　2　],[　3　]表現と鑑賞の能力を伸ばし,美術文化についての理解を深める。

① 美的体験　　② 美的感覚　　③ 感性を磨き

④ 美的発想　　⑤ 感性を高め　　⑥ 感性と美意識を磨き

⑦ 創造的な　　⑧ 個性豊かな　　⑨ 基礎的な

問2　「第4　美術Ⅰ」の「3　内容の取扱い」の記述の一部である。下線部が適切ではないものを，次の①～⑤のうちから一つ選びなさい。

①　(1)　内容のA及びBの指導に当たっては，中学校美術科との関連を十分に考慮し，A及びB相互の関連を図るとともに，Bの指導については，適切かつ十分な授業時数を配当するものとする。

②　(2)　内容のAの(1)については，生徒の特性，地域や学校の実態を考慮し，絵画と彫刻のいずれかを選択したり一体的に扱ったりすることができる。また，(2)及び(3)についてはいずれかを選択して扱うことができる。その際，感じ取ったことや考えたことなどを基にした表現と，目的や機能などを考えた表現の学習が調和的に行えるようにする。

③　(3)　内容のAの指導に当たっては，スケッチやデッサンなどにより観察力，思考力，表現力などが十分高まるよう配慮するものとする。

④　(4)　内容Bの指導に当たっては，作品について互いに批評し合う活動などを取り入れるようにする。

⑤　(5)　内容Bについては，日本の美術も重視して扱うとともに，アジアの美術などについても扱うようにする。

問3　「第5　美術Ⅱ」「2　内容」のうち，「B　鑑賞」の記述として最も適切なものを次の①～⑤のうちから，一つ選びなさい。

①　作品や作者の個性などに関心をもち，発想や構想の独自性，表現の工夫などについて，多様な視点から分析し理解すること。

②　自然と美術とのかかわり，生活や社会を心豊かにする美術の働きについて考え，理解を深めること。

③　映像メディア表現の特質や表現の効果などを感じ取り，理解すること。

④　国際理解に果たす美術の役割について理解すること。

⑤ 文化遺産としての美術の特色と文化遺産等を継承し保存することの意義を理解すること。

(☆☆☆◎◎◎)

解答・解説

【中高共通】

【1】問1 ア ④ イ ③ 問2 ⑤ 問3 1 ① 2 ④
〈解説〉問1 ④のフリードリヒ・フレーベル(ドイツ)は幼児の集団教育の重要性を唱えた幼稚園の創設者として知られる。ここにいわれる遊具は「恩物」という教材のことである。また③のハーバート・リードはイギリスの美術批評家で，芸術による教育という理念を明確に示し，戦後日本の美術教育界にも多大な影響を与えた。 問2 ⑤は，1919年にドイツのワイマールに造形専門学校バウハウスを設立した建築家であるワルター・グロピウスのことである。ちなみにこのバウハウスでは入学直後の半年間(後に1年間となった)，予備課程(のちに基礎課程)と呼ばれる基礎造形教育を受ける。ヨハネス・イッテンやモホリ＝ナギ，ワシリー・カンディンスキーらによって担当された。
問3 ① 『西画指南』は，川上寛(冬崖)が翻訳した日本で最初の西洋図画教科書(原著はイギリス人のバーンとされる)といわれる。
④ 『新定画帖』は，欧米で図画教育の調査研究を目的とした「図画取調委員会」のメンバーである正木直彦，上原六四郎，小山正太郎，白浜徴，阿部七五三吉によって編纂されたとされる。昭和7(1932)年の『小学図画』の発刊に至るまで使用された。

【2】問1 1 ④ 2 ① 問2 1 ② 2 ④ 問3 (ア) ①
(イ) ② 問4 人物名…① 図版…④ 問5 素材…④
語群…② 問6 ③

〈解説〉問1　アの作品「ギターを持つ男」(1911年)はジョルジュ・ブラックによるものである。キュビスムの絵画は，モチーフを1つの方向からだけではなく複数の角度からみたイメージを再構築して表現したものといわれる。ブラックでは他に「果物皿とびんとマンドリンのある静物」(1930年)などがある。なおパブロ・ピカソによる「アヴィニョンの娘たち」(1907年)がキュビスムの出発点といわれている。イの作品「赤い食卓」(1908年)はアンリ・マティスによるものである。フォーヴィスムとは，マティスやモーリス・ド・ブラマンクらによってフランスで起こされた絵画運動で，フォーヴ(野獣)という名のように単純な形と原色に近い色を激しい筆遣いで描いたことによるといわれている。マティスでは他に「ダンスⅡ」(1910年)などがある。

問2　②の「線遠近法」の代表的なものに透視図法がある。設問中のレオナルド・ダ・ヴィンチによる「最後の晩餐」は一点透視図法(消失点が水平線上の一点に集まる図法)により描かれている。他にはメインデルト・ホッベマによる「ミッデルハルニスの並木道」(1689年)などが有名である。透視図法には他に二点透視図法(1つの水平線の両端に2つの消失点を持つ図法)等があり，モーリス・ユトリロによる「風景」(1911年)などがよく知られている。また④の「高遠」とは東洋山水画の3つの基本的な構図法のひとつで，他に前山から後方の山を眺望する「平遠」，山の前方から背後をのぞき込む構図の「深遠」がある。

問3　①は(ア)円山応挙による「木賊兎図」(1786年)，②は(イ)小田野直武による「蓮図」(1777〜1780年)である。　問4　人物名①のポール・セザンヌの作品は，図版④の「サント・ヴィクトワール山」(1897〜1898年)である。セザンヌは複眼的視点で対象物をとらえようとし，また自然を「円筒，球，円錐」でとらえることを試みたといわれ，「20世紀絵画の父」などと呼ばれている。なおサント・ヴィクトワール山は1885〜1900年頃に複数枚描かれている(油彩画・水彩画ともに40点以上ずつある)。　問5　④の「ブロンズ」が用いられている作品は，図版アのヘンリー・ムーアによる「横たわる像　アーチ状の足」(1969〜1970年)と図版イのアルベルト・ジャコメッティによる「歩く男Ⅰ」

(1960年)である。　問6　(ア)「油絵の具」の展色剤である乾性油は，植物の種子や実などの原料を精製してつくられるものであり，亜麻を原料としたリンシードオイルや，けし油を原料としたポピーオイルなどがある。(イ)「水彩絵の具」のなかでもアラビアゴムの分量が多いものは「透明水彩絵の具」，少ないものは「不透明水彩絵の具」とされる。また(ウ)「アクリル絵の具」はアクリルエマルジョンを展色剤とし，ほとんどの素材に塗ることができる。速乾性で乾くと耐水性になり重ね塗りがしやすい。　(エ)「日本画の絵の具」の顔料には天然の鉱石を砕いたものや硬質の色ガラスを砕いてつくったものなどがある。展色剤である膠は動物の皮や魚の浮き袋を煮だして抽出したもので，タンパク質を主成分とする。

【3】問1　1　②　　2　⑦　　問2　④　　問3　③　　問4　人物名…④　建築…④　　問5　語群　…②　　人物名…⑤　　問6　④
〈解説〉問1　特にシアン(緑みの青)，マゼンタ(赤紫)，イエロー(黄)を色料の3原色といい，これらを混ぜると明度が低くなり黒に近づく。このような混色を減法混色という。またレッド(赤)，グリーン(緑)，ブルー(青)を色光の3原色といい，これらを重ねるごとに明度が高くなり白色に近づく。このような混色を加法混色という。　問2　日常的な家具であっても，材質の特徴を生かしたユニークなデザインや伝統的な技法を用いたりすることにより芸術作品になり得る。ちなみに寝椅子を「休養のための機械」と呼んだのはフランスの建築家・デザイナーであるル・コルビュジエである。　問3　本問で紹介されているような坂茂による人道的活動は，内戦で多くの人が難民となった1994年のルワンダに始まる。1995年にはその経験を活かして，阪神大震災が起こった神戸に仮設の集会所となる「紙の教会」を設計している。その他にも2011年の東日本大震災で被害を受けた宮城県女川町には，海上輸送用のコンテナを積み上げて応急の仮設住宅をつくるなどしている。なお2014年に，建築界のノーベル賞ともいわれるプリツカー賞を受賞している。　問4　「カウフマン邸」(落水荘)は，1936年にペンシ

ルヴァニア州ピッツバーグ近郊に建てられたフランク・ロイド・ライトの代表作といわれている。建築④は「グッゲンハイム美術館(アメリカ)」(1959年)である。なお③はル・コルビュジエによる「ロンシャン教会(フランス)」(1955年)，⑤は丹下健三による「国立代々木第一第二体育館(日本：東京)」(1964年)である。　問5　七宝焼は中国では琺瑯(ファーラン)，西洋ではエナメルと称される。また「シルフィード」の作者であるルネ・ラリックは，1900年のパリ万博で大好評を博したフランスのジュエリー作家であり，のちガラス工芸家となる。なお箱根には「箱根ラリック美術館」があり，そのコレクションを堪能することができる。　問6　エは九谷焼の説明である。もともと九谷焼は明暦元年(1655年)に起こったとされるがわずか100年足らずで廃業となり，この間に焼かれたものは現在では「古九谷」と呼ばれている。九谷焼はその後，文政7年(1824年)頃から再び焼かれ始めるようになり，明治時代に入ってからは，ウィーン万博(明治6年：1873年)を機に大量の九谷焼が海外へ輸出されるようになったといわれている。なおアはいわゆる瀬戸物，イは備前焼，ウは有田焼である。

【4】問1　人物名…④　　作品名…③　　問2　⑤　　問3　組合せ…③
語群…②　　問4　人物名…⑤　　語群…②　　問5　ア　②
イ　⑤　　ウ　⑥

〈解説〉問1　上村松園による「序の舞」(1936年)は当時の文部省招待展に出品され政府の買い上げとなった。重要文化財である。

問2　⑤は平等院(世界遺産)である。写真は国宝の鳳凰堂(阿弥陀堂)であり，堂内には定朝による阿弥陀如来坐像が安置されている。　問3　アは速水御舟による「翠苔緑芝」(1928年)で四曲一双，イは横山大観による「群青富士」(1917〜1918年)で六曲一双，ウは尾形光琳による「紅白梅図屏風」(18世紀)で二曲一双，エは酒井抱一による「夏秋草図屏風」(19世紀)で二曲一双である。なお，横にいくつも重なった屏風の面の1つの面を指して「扇(せん)」と呼び，扇は向かって右から左に向かって，第一扇，第二扇，…と数え，折れ曲がった扇の数によっ

て屏風の形状は「二曲」「六曲」…などと数えられる。また左右で一
組になった屏風は「双(そう)」と呼ばれ，二曲屏風が左右で対になっ
ていれば「二曲一双」，六曲屏風が左右で対になっていれば「六曲一
双」ということになる。その際，向かって右側は「右隻(うせき)」，左
側は「左隻(させき)」と呼ばれる。　問4　葛飾北斎による作品はアの
「怒濤図」(漆塗りの祭屋台の天井図)のうちの「女浪」(1845年)，イの
「北斎漫画」のうちの「魚濫観世音図」，エの「諸国瀧廻り」(1833年)
のうちの「下野黒髪山きりふりの滝」，カの「富嶽三十六景」(1831～
1833年)のうちの「凱風快青」(通称「赤富士」)である。なおウは歌川
広重による「名所江戸百景亀戸梅屋舗」(1857年)，オは東洲斎写楽に
よる大首絵「三世大谷鬼次の奴江戸兵衛」である。なお大首絵とは，
役者の個性豊かな顔を誇張的な描写で表したものである。
　問5　アの作家は草間彌生，イの作家は横尾忠則，ウの作家は岡本太
郎である。

【5】問1　③　　問2　③　　問3　④　　問4　語群…②　　図版…②
問5　語群…④　　図版…①　　問6　③　　問7　彫刻…①
絵画…②

〈解説〉問1　設問の人物はアンリ・マティスで，作品は③の「王の悲し
み」(1952年)である。　問2　作品はバチカン美術館にある③の「ラオ
コーン像」である。　問3　作品は，パルミジャニーノによる④の
「長い首の聖母」(1535年頃)である。　問4　図版②はランス大聖堂の
中央扉口にある彫像である。　問5　語群④のダダイズムは1916～
1922年頃スイスで始まり，ヨーロッパやアメリカの都市へ広まった芸
術運動である。図版①の作者はマルセル・デュシャンである。このデ
ュシャンによる「泉」は当時の展覧会への出品を拒否されたが，20世
紀の美術の幕開けを暗示する重要な作品とされている。　問6　版画
には凸版(木版画や紙版画など。版の凸部に絵の具やインクをつけ，そ
れを刷り取る)，凹版(エッチングやドライポイントなど。版の凹部に
インクをつめ，不要なインクをふき取り，プレス機で刷り取る)，孔版

(シルクスクリーンなど。インクが通り抜ける穴の部分を通して，インクが刷り込まれる)，平版(リトグラフ，デカルコマニー，マーブリングなど。平らな面にインクがつく面とつかない面をつくり，刷り取る)などがあり，③のエッチングとは，主に銅板を用いた凹版の技法の代表的なものである。　問7　彫刻の①はウンベルト・ボッチョーニによる「空間における連続性の唯一の形態」(1913年)，絵画の②はジャコモ・バッラによる「鎖に繋がれた犬のダイナミズム」(1912年)である。

【中学校】

【1】問1　1　②　　2　④　　問2　1　⑤　　2　①　　問3　⑥
〈解説〉「中学校学習指導要領　第2章　第6節　美術」の「第1　目標」に関する問題は例年の頻出事項である。穴埋め等に対応できるようにきちんと覚えておきたい。なお「中学校学習指導要領解説美術編」では，これを受けた各学年の目標について「(1)は美術の学習への関心や意欲，態度に関する目標，(2)は表現に関する目標，(3)は鑑賞に関する目標について示している」と述べられている。その際，学年の系統性について「第1学年では特に表現及び鑑賞の基礎となる資質や能力の定着を図ることを重視し，第2学年及び第3学年においては，第1学年で身に付けた資質や能力を更に深めたり，柔軟に活動したりして，創造活動の能力をより豊かに高めるように構成している」と述べられている。こうした点の連関からも目標及び内容について正答を導き出せるようにしておこう。ところで，同解説の「第2節　美術科の内容　1内容の構成」では，「「A表現」は三つの項目を設け，(1)及び(2)は発想や構想の能力に関する項目，(3)は創造的な技能に関する項目として示した」と述べられている。その上で「表現の学習においては，原則として(1)又は(2)の一方と，(3)を組み合わせて題材を構成することとし，発想や構想の能力と創造的な技能が学習のねらいとして明確に位置付けられるようにした」とも述べられている。問2ではこの「(1)と(3)」の組み合わせが取り上げられているので，こうした観点からも学習指導要領

の内容に関する理解を深めておきたい。

【高等学校】

【１】問1　1　①　　2　⑤　　3　⑦　　問2　③　　問3　①

〈解説〉問1・問2　『高等学校学習指導要領解説　芸術(音楽　美術　工芸　書道)編　音楽編　美術編』(平成21年7月)をみると、「美術Ⅰ」は「高等学校において美術を履修する生徒のために設けている最初の科目」として「中学校美術科における学習を基礎にして、『A表現』及び『B鑑賞』についての幅広い活動を展開し、美術を愛好する心情を育て、美術の諸能力を伸ばし、美術文化の理解を図ることなど」をねらいとしているとされている。また「美術Ⅱ」は「『美術Ⅰ』を履修した生徒が、更に次の段階として履修するために設けている科目」として「『美術Ⅰ』の学習を基礎にして、生徒の能力・適性、興味・関心等に応じた活動を展開し、美術の諸能力を伸ばすことなど」をねらいとし「豊かな美的体験を通して実感をもって美術についての理解を深めること」を重視しているとされている。さらに「美術Ⅲ」は「『美術Ⅱ』を履修した生徒が、更に次の段階として履修するために設けている科目」として「『美術Ⅰ』及び『美術Ⅱ』の学習を基礎にして、更に生徒の能力・適性、興味・関心等に応じた活動を展開し、美術の諸能力を高めること」をねらいとし、そのために「表現領域の各分野及び鑑賞領域から一つ以上を選択して学習する」こととされている。このように、美術Ⅰ～Ⅲの性格を理解した上で、それぞれの目標、内容等についてその系統性等をふまえつつ整理しながら理解を深めておく必要がある。　問3　②、③は「高等学校学習指導要領　第2章　第7節　芸術」の「第2款　各科目」「第4　美術Ⅰ」の「B　鑑賞」のそれぞれ「ウ」と「イ」であり、④、⑤は同「第6　美術Ⅲ」の「B　鑑賞」のそれぞれ「イ」と「ウ」である。

2017年度　実施問題

【中高共通】

【1】美術に関する教育について次の各問いに答えなさい。

問1　次の記述ア，イは日本の美術教育に関するものである。[　1　]，[　2　]に当てはまる人物として最も適切なものを，下の①～⑧のうちからそれぞれ選びなさい。

　ア　第一次世界大戦後，欧米を中心に新しい教育主張，教育運動が起こり，それらが続々と輸入され，我が国でも民主主義的気運に支えられ急速に発展していった。つまりここに児童中心主義の教育観をその基幹にもつ自由主義教育運動の展開を見るわけであるが，さらにこの自由主義教育を母体に芸術主義教育運動が台頭してゆく。この運動の一環として位置付けられるものが[　1　]によって提唱された自由画教育運動である。

　イ　すでに独特の作風をもって我が国の画壇にその位置を確立していた[　2　]は，自らの子どもへの図画教育の実践に基づき，独自の図画教育論をその著，『図画教育論』に展開した。彼は図画教育の目的を児童の感情の美化に求め，美術や絵によって真の徳育を施すという論を打ち出した。

① 北川民次　　　② 山本鼎　　　③ 岸田劉生
④ 久保貞次郎　　⑤ 中西良夫　　⑥ 青木実三郎
⑦ 霜田静志　　　⑧ 大竹拙三

問2　次の記述はバウハウスについて述べたものである。[　1　]，[　2　]に当てはまる人物として最も適切なものを，後の①～⑥のうちからそれぞれ選びなさい。

　バウハウスは1919年に建築家[　1　]がドイツ，ワイマールに創設した造形専門学校である。バウハウスのカリキュラムは専門の基礎的な教育と同時に，それをなすべき健全な調和のとれた人間の形成

をも意図していた。予備課程の設置は，[　2　]の提案により成された。第一次世界大戦後の復興途上にある社会状況により，個々の学生の能力差が大きく，将来の専門分野にかかわらず一定の基礎教育を施そうとしたものである。

① ワルター・グロピウス　　② ヨーゼフ・アルベルス
③ モホリ＝ナギ　　　　　　④ ヨハネス・イッテン
⑤ ワリシー・カンディンスキー　⑥ パウル・クレー

問3　次の記述は美術教育に関する人物について述べたものである。この記述が示す人物として最も適切なものを，下の①～⑥のうちから選びなさい。

　彼がアメリカの美術教育の分野で果した役割には多大なものがあるが，中でもカリキュラムの分野での顕著な業績のひとつに，1960年代に行ったケタリング財団の援助によるスタンフォード・ケタリング・プロジェクトと呼ばれる美術教育カリキュラムの開発がある。このカリキュラムでは，従来の子どもの創造性に基づいた製作活動を主とした美術授業の形態(表現的領域)に加えて，色，線，構成の3つの概念を中心に子どものイメージの知覚を高めることをねらう批評的領域，子どもが社会における美術を理解する力を伸ばすための歴史的領域を構成内容に設定したことで，DBAE理論に基づくカリキュラムの先導的な役割を果たした。

① フランツ・チゼック
② フリードリヒ・フレーベル
③ ハーバード・リード
④ ルドルフ・シュタイナー
⑤ ヴィクター・ローウェンフェルド
⑥ エリオット・アイスナー

(☆☆☆◎◎◎)

【2】感じ取ったことや考えたことを基にして表現する活動について，次の各問いに答えなさい。

問1　次の記述ア，イが示す用語として最も適切なものを，語群①〜⑧のうちからそれぞれ選びなさい。

また，下線部の作家の作品を図版①〜⑥のうちから選びなさい。

ア　アメリカの批評家ハロルド・ローゼンバーグによって，<u>ジャクソン・ポロック</u>等のジェスト的な絵画技法に与えられた名称。絵は単に完成品であるだけでなく，それを作り出した過程，つまりそれを描いていたときの芸術家の行為を記録したものである。

イ　1965年のニューヨーク近代美術館で「応答する目」展が開かれて通用し始めた用語。視覚の生理学的反応を重視し幾何学的形態が視覚に与える光学的効果に基づく作品を特色とする。観客の視点の移動によって図形が動いて見えるような作品も含まれる。代表的な作家としてヴィクトル・ヴァザルリー，ブリジット・ライリーなどがあげられる。

語群
①　オプティカル・アート　　②　イコノグラフィー
③　レイヨグラム　　　　　　④　ミニマル・アート
⑤　アキューミュレーション　⑥　アクション・ペインティング
⑦　ハプニング　　　　　　　⑧　ポップ・アート

図版
①　　　　　　　　　　②　　　　　　　　　③

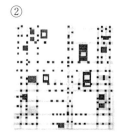

④

⑤

⑥

問2　次の記述ア，イが説明する顔料・原料として最も適切なものを，下の①〜⑨のうちからそれぞれ選びなさい。

　ア　人工的に金属からつくられる顔料，化学成分は$2PbCO_3 \cdot Pb(OH)_2$を主原料とする。硫化ガスに触れると黒変しやすい。有毒であるため扱いには注意が必要である。

　イ　青金石から取り出される複雑な珪酸塩からなる濃青色の天然顔料で，ヨーロッパでは中世から輸入して使われていた。19世紀に人工の同色が発明されてそれが使われるようになった。

　①　シルバー・ホワイト　　　②　ジンク・ホワイト
　③　チタニウム・ホワイト　　④　カドミウム・イエロー
　⑤　コバルト・ブルー　　　　⑥　バーミリオン
　⑦　ラピス・ラズリ　　　　　⑧　辰砂
　⑨　トルコ石

問3　次の図版Aのピカソの作品のうち『アヴィニョンの娘たち』(1906〜1907年)以降に制作された作品はいくつあるか。語群アの①〜⑥のうちから最も適切なものを選びなさい。

　　また，図版Bのピカソの作品は誰の作品を翻案して制作されたか。語群イの①〜⑥のうちから最も適切なものを選びなさい。

図版A

語群ア

① 1つ　　② 2つ　　③ 3つ　　④ 4つ　　⑤ 5つ

⑥ 6つ

図版B

語群イ

① デューラー　　② ルーベンス　　③ レンブラント

④ ドラクロワ　　⑤ ベラスケス　　⑥ カラヴァッジョ

問4　次の記述ア, イ, ウは版画や版画作品について述べたものである。ア, イ, ウに当てはまる「版画の技法名」として最も適切なものを, 後の①〜⑨のうちからそれぞれ選びなさい。

ア　1798年ドイツのゼーネフェルダーが発明した, 脂肪膜が水をはじく性質を使った技法。図柄を脂肪の入ったチョークで石版等の

版面に描き，版面を湿し脂肪性のインクを石版の上にローラーで転がすと湿った部分にはつかないが，チョークで描いた部分につく。

イ　腐蝕銅版画製版技法の一種で，灰色から黒色までの面のグラデーションを作るための技法。版面に松脂等の樹脂の粉末で多孔質の地を作り，腐蝕を繰り返しグラデーションを深める。この技法は18世紀後半フランスの版画家ジャン＝バティスト・ル・プランスの発明とされている。

ウ　次の図版はアメリカの美術家アンディ・ウォーホルの作品である。彼は1960年代から絵画に着手し，新聞の紙面や広告をそのまま画面に写して描くことを始めた。その後，写真や広告，パッケージなどの題材をもとにこの技法を用いて，アメリカのポップ・アートの代表的存在となった。

図版

① 板目木版　　　　② 木口木版
③ シルクスクリーン　④ アクワティント
⑤ メゾティント　　　⑥ リトグラフ
⑦ リノカット　　　　⑧ ドライポイント
⑨ エングレービング

(☆☆☆◎◎◎)

【3】伝える，使うなどの目的や機能を基にして表現する活動に関して，次の各問いに答えなさい。

問1　次の記述ア，イ，ウは色彩について述べたものである。[　1　]～[　3　]に当てはまる語句として最も適切なものを，下の①～⑦のうちからそれぞれ選びなさい。

ア　例えば隣接色相や類似色相で配色する場合に，黄寄りの色を明るく，青紫寄りの色を暗くとる配色方法を[　1　]ハーモニーという。

イ　色相差が大きい2色を隣接させる場合に，間に無彩色等を挟むことで調和を図る配色方法を[　2　]という。

ウ　PCCSにおいて規定された有彩色のトーンのうち，最も明度が高いのは[　3　]トーンである。

① ビビット　　　② コンプレックス
③ ナチュラル　　④ セパレーション
⑤ ペール　　　　⑥ サチュレーション
⑦ ダル

問2　次の図は正方形を並べて配置したものであるが，四つに固めて置いてあることから，中央にある余白が十字の形に見える。このように，固まって置いてあるものを一つの独立した形状や構造物と感じる人間の心のはたらきを示す要因として最も適切なものを，下の①～④のうちから選びなさい。

① ピクトグラム　　② ゲシュタルト　　③ プロポーション
④ モデュロール

問3　ロナルド・メイスによって提唱された，「言語や文化，障害や能力にかかわらず利用可能なものをデザインし，提供する」という考え方を示す語句として最も適切なものを，次の①～④のうちから選びなさい。

①　ユニバーサル・デザイン　　②　エコ・デザイン
③　ポスト・モダン・デザイン　④　バリアフリー・デザイン

問4　金工で「ロウ付け」の作業を行う際に補助剤として「フラックス」を用いる。この補助剤のはたらきについての記述として最も適切なものを，次の①～④のうちから選びなさい。

①　ロウと結合して被膜を形成しバーナーの熱から金属を保護する。
②　金属の酸化を促進して素早く接合できるようにする。
③　金属の温度上昇を緩和し適切な温度で接合ができるようにする。
④　接合部を空気に触れさせないことでバーナーの熱による酸化を防ぐ。

問5　次の記述ア，イは陶芸における制作技法について述べたものである。[　1　]，[　2　]に当てはまる語句として最も適切なものを，下の①～⑥のうちからそれぞれ選びなさい。

ア　「染付」では，材料としてコバルトを主成分とした[　1　]を用いる。
イ　陶芸における焼成の方法のうち，酸素が不足している状態で焼成するものを[　2　]焼成という。

①　酸化　②　還元　③　燻蒸　④　呉須　⑤　弁柄
⑥　昇華

問6　次の記述ア，イは写真表現における用語についての説明である。ア，イが示す用語として最も適切なものを，後の①～⑥のうちからそれぞれ選びなさい。

ア　デジタルカメラで撮影された画像における，ハイライトからシャドーまでの階調再現範囲のこと。

イ　ピントを合わせた被写体の前後で，ピントが合っているように
　　見える範囲のこと。

① 被写界深度　　② ダイナミックレンジ　　③ 露出

④ F値　　　　　⑤ ヒストグラム　　　　　⑥ 解像度

(☆☆☆◎◎◎)

【4】日本の美術について，次の各問いに答えなさい。

問1　次の記述ア，イが示す仏像として最も適切なものを，下の①~
　　⑦のうちからそれぞれ選びなさい。

　ア　古くから光明皇后による造立，あるいは皇后の姿を映したもの
　　　であるといった伝承がある。髻頂(けいちょう)から頭体の主要部，
　　　台座蓮肉(だいざれんにく)，その下の心棒にいたるまで良質な榧
　　　(かや)の一材から彫出する。

　イ　木心乾漆の技法を用いて造られ，顔や天衣には木屎漆(こくそ
　　　うるし)を盛り上げている。両肩を張り胸も広く，胴がややくび
　　　れ，全体のプロポーションは，壮年の男性の体躯をモデルにした
　　　ようにたくましさと力強さにあふれている。

①　　　　　②　　　　　③　　　　　④

⑤ 　⑥ 　⑦

問2　次の屏風絵の作者に関する記述ア，イ，ウとその屏風絵a〜cとの組合せとして最も適切なものを，後の①〜⑥のうちから選びなさい。

　また，記述アによる工芸作品として最も適切なものを後の工芸作品①〜④のうちから選びなさい。

ア　呉服商の名門雁金屋出身の作者は，宗達の装飾画風をより知的な意匠に洗練させた。雁金屋の経営は破綻し，彼はやむを得ず絵師に転じた。

イ　作者は旅と登山を好んだ。富士山，白山，浅間山にのぼり，「山水を遊観して，造化の真景を見る」という中国文人の理想とする態度を自ら実践した。

ウ　丹波の国出身の作者の画風は，平明に見えることもあって京都中の様々な階層から圧倒的な支持を受けることとなり，狩野家や土佐家を上回る勢力を有するようにもなった。

屏風絵

a

284

b

c

	ア	イ	ウ
①	a	c	b
②	c	a	b
③	c	b	a
④	b	a	c
⑤	a	b	c
⑥	b	c	a

工芸作品

① ②

③ 　　④

問3　次の記述ア，イは寺院について説明したものである。ア，イに
　関する図版の三つの組合せとして最も適切なものを，後の①〜⑧の
　うちからそれぞれ選びなさい。

ア　南北朝の時代から長く京都五山の第一位を占め，宗教，学問，
　芸術はもとより，対馬での朝鮮との外交にも中心的役割を担って
　きた寺である。史跡・特別名勝指定の庭は仙洞亀山殿の苑池を生
　かし，禅の修行と作庭の心を一致させることに努めた夢窓疎石が
　作り出したもの。滝を登り切った鯉が龍になるという故事から龍
　門瀑と呼ばれる滝の石組みは，のちの枯山水庭園のモデルともさ
　れた。

イ　鎌倉にあるこの寺は，時の指導者北条時宗が中国から招いた無
　学祖元禅師によって創建された寺である。やがて足利義満によっ
　て五山制が作られた際，鎌倉五山の第二位に指定され，最盛期に
　は七堂伽藍が立ち並び，塔頭も四十二院を数えたと言われている。
　この寺の建物の配置は，まさしく宋の禅寺様式に沿っている。

図版

a 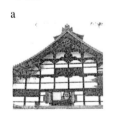　　b 　　c

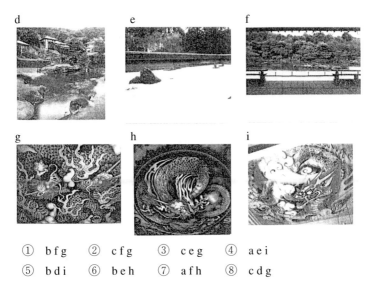

① b f g ② c f g ③ c e g ④ a e i
⑤ b d i ⑥ b e h ⑦ a f h ⑧ c d g

問4 次の記述のア，イは1990年代の日本画の作品について述べたものである。ア，イの作品として最も適切なものを，後の①〜⑧のうちからそれぞれ選びなさい。

ア この作家は大分県に生まれ，京都市立絵画専門学校に学び，帝展を活躍の場に作品を発表したが，やがて形態の単純化と空間表現の平面化を進め，装飾的な画風へと向かい，近代日本画壇を代表する巨匠のひとりとしてその名を残している。1931年頃，京都市立絵画専門学校の師で美学者の中井宗太郎夫妻に誘われて琵琶湖へ行ったのが病みつきになり，釣りに凝り始めた。そして，釣りを娯しむ中からこの作品は生まれた。

イ この作家は兄弟子今村紫紅の日本画革新論に影響されて自らも明るい紫紅調の絵を描き，西洋絵画の最近の動向にも敏感だった彼のモダニズム指向は，大正8年26歳で市電にひかれ左足を失ってから微妙に変質した。直後の大正9年から11年の作品には，死の影を思わす世紀末的象徴性があらわれる。

問5　次の記述ア，イは染めの技法について述べたものである。ア，
　　イの技法で染められたものとして最も適切なものを，後の①～⑥の
　　うちからそれぞれ選びなさい。
　ア　伊勢型紙による細かな文様を染め上げるこの技法は，遠目には
　　　無地に見え，近付くと高度な技で染めた文様が浮かぶ，江戸の粋
　　　を感じさせる染めである。特徴である細かく精緻な文様は地色と
　　　柄文様の二色で構成される。
　イ　この染色法には，「型染」と「筒引き」の二つの技法がある。
　　　色差しからはどちらも同じ工程をたどる。色差しには「色配り」
　　　「二度差し」又は「刷り込み」の工程があり，さらに「隈取り」
　　　が施される。地染めの場合は，模様を糊伏せし地染めを行う。彩
　　　色が終了すると糊を洗い落とし仕上げとなる。

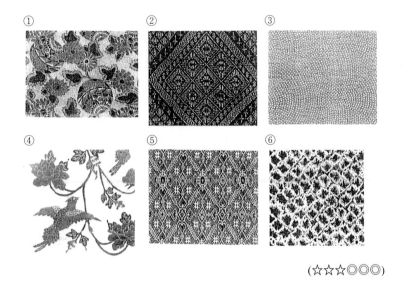

(☆☆☆◎◎◎)

【5】 世界の美術について，次の各問いに答えなさい。

問1 次の記述ア，イは作品を鑑賞した作家の言葉である。ア，イが説明する作品として最も適切なものを，後の①～⑥のうちからそれぞれ選びなさい。

ア この前人未到の事業は，二つの点において偉大だ。まず，この物理的に巨大な空間を絵画で埋めつくすことだけでも超人的だ。〈中略〉人間の原点の感情の究極を損なうことなく表現できていること。この偉大な事業はその両方をやりとげたのだ。〈ベン・シャーン〉

イ 作品にうたれた私は，トレドへの旅行を決心した。それは私に深い印象を与えた。私の青の時代の人物を見てほしい。そこに〈中略〉影響があることがわかるだろう。〈パブロ・ピカソ〉

問2　次の図版は近代の作家の作品である。印象派を代表する作家，
　　モネとルノワールの作品として最も適切なものを，次の①〜⑧のう
　　ちからそれぞれ選びなさい。

問3　次の図版は西洋の建築物である。次の語群ア，イ，ウの建築様
　　式として最も適切なものを，後の図版①～⑥のうちからそれぞれ選
　　びなさい。
　　語群
　　ア　ゴシック様式　　イ　ロマネスク様式　　ウ　バロック様式

図版

①

②

③

④

⑤

⑥

問4　次の記述ア，イは20世紀の作家の作品について述べたものである。ア，イが説明する作品として最も適切なものを，後の①〜⑥のうちからそれぞれ選びなさい。

ア　この作品は，鳥がまさに飛びたとうとする瞬間をあらわしていると言われている。この作品には，むだなかたちは，何ひとつない。つやのあるブロンズも，作品の重さを消して，飛びたつ感じをつよめている。

イ　この作家はブールデルの教室に入り彫刻を学んだが，古典的な形式や手法にしたがうことを拒否し15年近くもの間，作品もつくらず孤独に沈黙して，「もの」それ自体の変わりようを見つめた。ときには「もの＝人」が空間の中に消えていくような作品をつくった。フランスの哲学者は「虚無」の出現と形容した。

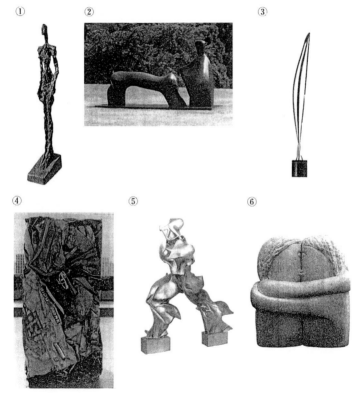

①　②　③

④　⑤　⑥

問5　次の記述は世界遺産の遺跡について述べたものである。この記述が説明する遺跡として最も適切なものを，後の①～⑥のうちから

選びなさい。

　カンボジア北西部の密林のなかにある広大なこの遺跡群は，9世紀から15世紀にかけてこの地を支配したクメール朝の栄華の証である。歴代の王たちは，この地に自らを現人神とするヒンドゥー教寺院を次々と築いた。

①

②

③

④

⑤

⑥

（☆☆☆◎◎◎）

【中学校】

【1】 平成20年3月に告示された「中学校学習指導要領　第2章　第6節　美術」に関して次の各問いに答えなさい。

問1　次の記述は「第1　目標」である。[　1　], [　2　]に当てはまる記述として最も適切なものを, 下の①〜⑧のうちから選びなさい。

　　　表現及び鑑賞の幅広い活動を通して, [　1　]美術を愛好する心情を育てるとともに, 感性を豊かにし, [　2　]を伸ばし, 美術文化についての理解を深め, 豊かな情操を養う。

① 美術の創造活動の喜びを味わい

② 生涯にわたり

③ 美的体験を豊かにし

④ つくりだす喜びを味わい

⑤ 芸術の諸能力

⑥ 創造的な表現と鑑賞の能力

⑦ 造形的な創造活動の基礎的な能力

⑥ 美術の基礎的な能力

問2　〔第2学年及び第3学年〕の目標として適切ではないものを, 次の①〜④のうちから選びなさい。

① 対象を深く見つめ感じ取る力や想像力を一層高め, 独創的・総合的な見方や考え方を培い, 豊かに発想し構想する能力や自分の表現方法を創意工夫し, 創造的に表現する能力を伸ばす。

② 主体的に美術の活動に取り組み美術を愛好する心情を深め, 心豊かな生活を創造していく意欲と態度を高める。

③ 自然の造形, 美術作品や文化遺産などについての理解や見方を深め, 心豊かに生きることと美術とのかかわりに関心をもち, よさや美しさなどを味わう鑑賞の能力を高める。

④ 楽しく美術の活動に取り組み美術を愛好する心情を培い, 心豊かな生活を創造していく意欲と態度を育てる。

問3　〔第2学年及び第3学年〕の「内容」の「A表現　(1)　イ」の記述として最も適切なものを, 次の①〜④のうちから選びなさい。

① 主題などを基に想像力を働かせ，単純化や省略，強調，材料の組合せなどを考え，創造的な構成を工夫し，心豊かな表現の構想を練ること。

② 主題などを基に，全体と部分との関係などを考えて創造的な構成を工夫し，心豊かに表現する構想を練ること。

③ 対象を見つめ感じ取った形や色彩の特徴や美しさ，想像したことなどを基に主題を生み出すこと。

④ 伝えたい内容を多くの人々に伝えるために，形や色彩などの効果を生かして分かりやすさや美しさなどを考え，表現の構想を練ること。

問4 〔第2学年及び第3学年〕の「内容」の「B鑑賞 (1) イ」の記述である。[a]〜[c]に当てはまる語句の組合せとして最も適切なものを，下の①〜⑥のうちから選びなさい。

イ 美術作品などに取り入れられている[a]や，自然や身近な環境の中に見られる[b]などを感じ取り，安らぎや自然との共生などの視点から，[c]美術の働きについて理解すること。

	a	b	c
①	自然のよさ	造形的な美しさ	社会を心豊かにする
②	自然のよさ	洗練された美しさ	生活を美しく豊かにする
③	自然のよさ	造形的な美しさ	生活を美しく豊かにする
④	自然とのかかわり	洗練された美しさ	社会を心豊かにする
⑤	自然とのかかわり	洗練された美しさ	生活を美しく豊かにする
⑥	自然とのかかわり	造形的な美しさ	社会を心豊かにする

(☆☆☆◎◎◎)

【高等学校】

【1】平成21年3月に告示された「高等学校学習指導要領　芸術」の「第2款　各科目」「第4　美術Ⅰ」について次の問いに答えなさい。

問1 次の記述は「第4　美術Ⅰ」の「1　目標」である。[1]，[2]に当てはまる記述として最も適切なものを，後の①〜⑧のうちからそれぞれ選びなさい。

　美術の幅広い創造活動を通して，[　1　]，生涯にわたり美術を愛好する心情を育てるとともに，感性を高め，[　2　]を伸ばし，美術文化についての理解を深める。

① 美術の創造活動の喜びを味わい

② 主体的に美術の活動に取り組み

③ 美的体験を豊かにし

④ つくりだす喜びを味わい

⑤ 芸術の諸能力

⑥ 創造的な表現と鑑賞の能力

⑦ 造形的な創造活動の基礎的な能力

⑧ 美術の基礎的な能力

問2 「第4　美術I」の「2　内容」の「A表現　(1)　絵画・彫刻　ア」の記述として最も適切なものを，次の①～④のうちから選びなさい。

① 感じ取ったことや考えたこと，夢や想像などから主題を生成すること。

② 目的，機能，美しさなどを考えて主題を生成すること。

③ 自然，自己，社会などを深く見つめて主題を生成すること。

④ 主題に合った表現方法を工夫し，創造的に表現すること。

問3 「第4　美術Ⅰ」の「2　内容」の「B鑑賞　ア」の記述として最も適切なものを，次の①～④のうちから選びなさい。

① 心豊かな生き方の創造にかかわる美術の働きについて理解を深めること。

② 美術作品などのよさや美しさ，作者の心情や意図と表現の工夫などを感じ取り，理解を深めること。

③ 作品や作者の個性などに関心をもち，発想や構想の独自性，表現の工夫などについて，多様な視点から分析し理解すること。

④ 制作過程における工夫や素材の生かし方，技法などを理解すること。

問4 次の記述は「第4　美術Ⅰ」の「3　内容の取扱い　(3)」である。
　[　]に当てはまる語句として最も適切なものを，後の①～⑤のう

ちから選びなさい。

(3) 内容のAの指導に当たっては，スケッチやデッサンなどにより観察力，[　　]，描写力などが十分高まるよう配慮するものとする。

① 判断力　　② 想像力　　③ 構成力　　④ 思考力

⑤ 表現力

(☆☆☆◎◎◎)

解答・解説

【中高共通】

【1】問1　1　②　　2　③　　問2　1　①　　2　④　　問3　⑥

〈解説〉問1　①④　北川民次や久保貞次郎らは1932年3月に民間教育研究団体である創造美育協会を設立した。　⑤　中西良男は大正から昭和における想画・思想画の実践者であり，著書に『想画による子供の教育』(1932年)がある。　⑥　青木実三郎は図画を通して児童の人間形成を促すことを目指し，想画(生活画)を重視した。　⑦の霜田静志は「図画手工統合論」を，⑧の大竹拙三は「形象図画教育」を主張した。問2　①のワルター・グロピウスは1919年にドイツのワイマールに造形専門学校バウハウスを設立した建築家である。バウハウスでは入学直後の半年間，予備課程(のちに基礎過程)と呼ばれる基礎造形教育を受ける。ヨハネス・イッテンやモホリ＝ナギ，ワシリー・カンディンスキーらによって担当された。　問3　⑥のエリオット・アイスナーはアメリカの美術教育界を代表する研究者の一人でカリキュラム開発，教育評価に関する研究で知られ，主著に『美術教育と子どもの知的発達』(1986年)がある。なおDBAE(Discipline Based Art Education)とは「学問に依拠した美術教育」のことで，その理論は指導手順や評価基準等を明確に記すなど系統性を重視したものといわれる。なお，①

のフランツ・チゼックは創造主義教育のパイオニアといわれ，オーストリアの国立美術工芸学校に「児童美術教室」を開設した。②のフリードリヒ・フレーベルは幼児の集団教育の重要性を唱え，幼稚園の創設者として知られる。また「恩物」という教材(遊具)を提唱した。③のハーバート・リードはイギリスの美術批評家で，芸術による教育という理念を明確に示し，戦後日本の美術教育界にも多大な影響を与えた。『芸術の意味』(1958年)は主著の一つである。④のルドルフ・シュタイナーは「人智学」を提唱し，芸術を重視した教育を展開した。⑤のヴィクター・ローウェンフェルドは子どもの創造活動の変化を発達段階にまとめるとともに，創造活動のタイプを分類し(視覚型と触覚型)，個に応じた指導の必要性を説いた。『美術による人間形成』(1963年)を主著に持つ。

【2】問1　ア　⑥　　イ　①　　作品…⑤　　問2　ア　①　　イ　⑦
問3　図版A…⑤　　図版B…⑤　　問4　ア　⑥　　イ　④
ウ　③

〈解説〉問1　②　イコノグラフィーとは図像学のことで，美術作品における主題や意味，内容等を系統立てて理解するための学問である。③　レイヨグラムは，マン・レイによって実践された，カメラを使わずに印画紙の上に直接ものを置いたりかざしたりして感光させる技法のこと。　④　ミニマル・アートとは，60年代を中心にみられた最小限の手段で制作する美術運動またはスタイルのこと。　⑦　ハプニングとは，観客をイベントの内部に巻き込み，そこで起こる偶発的な出来事をアートとするもので，主に1950年代後半から1960年代を中心に行なわれた。　⑧　ポップアートとは，実質的にイギリスとアメリカの消費社会，大衆文化等を背景とした両国の美術といえ，1950年代末～60年代にかけて最盛期を誇った。総じてクールでドライ，即物的，没個性的ともいわれる。なお，ジャクソン・ポロックの作品である図版⑤は「ブルー・ポール」(1952年)である。　問2　化学組成をもとに考えると顔料は有機顔料と無機顔料に分類できる。有機顔料とは主に

石油化学合成から，無機顔料は土や鉱物，合成の金属化合物などから
つくられ，①は後者の無機顔料に属する。また⑦のラピス・ラズリは
ウルトラマリンとして19世紀に人工的に合成されている。　問3　図
版Aの上段左から「ゲルニカ」(1937年)，「三人の楽士たち」(1921年)，
下段左から「海辺に座る水浴の女」(1930年)，「人生」(1903年)，「アン
ブロワーズ・ヴォラールの肖像」(1910年)，「泣く女」(1937年)である。
また図版Bが翻案した作品は「ラス・メニーナス」(1656年)である。
問4　①　板目木版とは，木を縦に切った板目を用いる一般的な木版
画のこと。　②　木口木版とは，木を横に輪切りにした木口を用いる
もの。木口木版は版面が硬く，細密な表現に適している。　⑤　メゾ
ティントは凹版(版の凹部にインクをつめ，不用なインクを拭き取り，
プレス機で刷り取る)の技法の一つで，まず銅板をロッカーという道具
で細かなやすり状に目立てをする。この状態で黒インクをつめて印刷
し，真っ黒な状態になったところをスクレーパーで削り取るなどして
黒から白までの諧調をつくる。こうして目立てを完全に削り取った部
分は白く，何もしない部分は真っ黒に刷られる。　⑦　リノカットは
凸版(版の凸部に絵の具やインクをつけ，そこを刷り取る)技法の一つ
でリノリウム板やゴム板を用いる。　⑧　ドライポイントは凹版の技
法の一つで塩ビ板や金属板(銅板，亜鉛など)を用い，鋭く先の尖った
ニードル等で直接描画する。　⑨　エングレービングも凹版の技法の
一つで銅板を用い，ビュランという菱形の断面をもつ彫刻刀で直接描
画する。

【3】問1　1　③　　2　④　　3　⑤　　問2　②　　問3　①
　　問4　④　　問5　1　④　　2　②　　問6　ア　②　　イ　①
〈解説〉問1　色は大きく分けて無彩色と有彩色に分けられる。さらに色
　　相(色み)，明度，彩度(色の鮮やかさの度合い)といった性質がある。
　　①のビビッドおよび⑦のダルはそれぞれビビッド・トーン，ダル・ト
　　ーンのことで，トーンとは「色の調子」のこと。したがって，ビビッ
　　ド・トーンとは「鮮やかな色調」，ダル・トーンとは「にぶい色調」

を意味する。②のコンプレックスはコンプレックス・ハーモニー，すなわち複合的な調和のことで，黄色寄りの色相の明度を低く，青紫寄りの色相の明度を高くすること。いわゆる③のナチュラル(・ハーモニー)とは逆であり，服装デザイン(ファッション)に採用されることが多い。⑥のサチュレーションとは「彩度」のことである。なお，ウにあるPCCSとは「日本色研配色体系(Practical Color Co-ordinate System)」のことで，財団法人日本色彩研究所が1964年に発表したカラーシステムのことである。　問2　①のピクトグラムは「絵文字」とか「絵ことば」などと訳され，伝えようとする意味を文字に代わって視覚的な図で表現したもの。国際的な場や公共の場で使用されている。③のプロポーションとは，特にデザインでは「比例・割合」としてかたちや大きさや長さなどの割合を意味するものとされる。④のモデュロールとはル・コルビュジェが考案した建築の基準寸法システムを表すもので，フランス語で寸法を意味するモデュール(module)と黄金比(section d'or)を組み合わせた造語である。　問3　内閣府ホームページ「バリアフリー・ユニバーサルデザイン推進要綱」では，「……障害者，高齢者，妊婦や子ども連れの人などに主な焦点を当て，そうした方々が社会生活をしていく上でバリアとなるものを除去するとともに，新しいバリアを作らないことが必要である。すなわち，物理的な障壁のみならず，社会的，制度的，心理的なすべての障壁に対処するという考え方(バリアフリー)とともに，施設や製品等については新しいバリアが生じないよう誰にとっても利用しやすくデザインするという考え方(ユニバーサルデザイン)が必要であり，この両方に基づく取組を併せて推進することが求められている」と述べられている。こうした見解も参考にしながら，バリアフリーおよびユニバーサルデザインに関する理解を深めておこう。　問4　金属は加熱すると酸素と結合(酸化)して，その表面に酸化膜という膜をつくり接合を難しくしてしまう。フラックスはそれを防ぐために用いる薬品である。　問5　ア　「染付」とは白い素地に呉須で絵付けをして透明の釉薬を施し焼成した陶磁器のこと。呉須とは下絵付けに用いる絵の具の総称のことで，一般的には

酸化コバルトを含む青色の顔料を指すことが多いとされる。

問6　③の露出とは写真を撮るときに取り込まれる光の量のこと。これを調整するのが絞りとシャッタースピードだが，カメラレンズに明記されている④のF値とはこの絞りが一番開いた状態の値であり，その値が小さいほど明るいレンズとなる。⑤のヒストグラムとは，主に画像の分布を表したグラフを指し，横軸に明るさ(左に行くほど暗い，右に行くほど明るい)，縦軸に明るさごとの画素数を積み上げたものである。デジタル画像は点の集まりによって構成されている。カラー画像であればカラーの点が集まって写真の画をつくっているわけであるが，この点をピクセルという。ピクセルの数が多ければ多い方が細部まで表現できるとされており，この密度を解像度という。

【4】問1　ア　⑦　　イ　②　　　問2　組み合わせ…②
工芸作品…①　　問3　ア　⑦　　イ　⑤　　　問4　ア　⑥　　イ　⑤
問5　ア　③　　イ　④

〈解説〉問1　⑦は法華寺の十一面観音菩薩像であり，②は聖林寺の十一面観音像である。　問2　屏風絵のaは池大雅による「龍山勝会図屏風」(1763年)，bは円山応挙による「雪松図屏風」(制作年不詳)，cは尾形光琳による「燕子花図屏風」(1701〜04年頃)で，工芸作品①は八橋蒔絵螺鈿硯箱である。なお，④の本阿弥光悦による舟橋蒔絵硯箱も有名なのであわせて確認しておきたい。　問3　アは天龍寺であり，aはその庫裏，fは曹源池庭園，hは加山又造により法堂の天井に描かれた「雲龍図」である。イは円覚寺であり，bはその舎利殿，dは妙香池，iは前田青邨監修により守屋多々志が描いた「白龍図」である。なおgは小泉淳作による「双龍図」である。　問4　アは福田平八郎で，作品は⑥の「漣」(1932年)が該当する。イは速水御舟で，作品は⑤の「炎舞」(1925年)である。なお，①の横山大観の「無我」(1897年)や③の東山魁夷の「道」(1950年)などもよく知られているのであわせて確認しておきたい。

【5】問1　ア　④　　イ　②　　問2　モネ…②　　ルノワール…⑤
問3　ア　②　　イ　③　　ウ　①　　問4　ア　③　　イ　①
問5　②

〈解説〉問1　アはバチカン宮殿のシスティーナ礼拝堂に描かれた，ミケランジェロによる「最後の審判」(1541年)，イはエル・グレコによる「羊飼いの礼拝」(1614年)を指す。　問2　②は「印象，日の出」(1872年)，⑤は「ラ・グルヌイエールにて」(1869年)である。　問3　②はシャルトル大聖堂(フランス)，③はピサ大聖堂とピサの斜塔(イタリア)，①はベルサイユ宮殿(フランス)である。　問4　③はコンスタンティン・ブランクーシによる「空間の鳥」(1925～26年)，①はアルベルト・ジャコメッティによる「ヴェネツィアの女」(1956年)である。問5　②はアンコールワットである。

【中学校】

【1】問1　1　①　　2　⑧　　問2　④　　問3　①　　問4　③

〈解説〉問1・2　教科目標と学年目標は学習指導要領関連の問題の中でも最頻出なので，全文暗記と同時に各文言の意味について，学習指導要領解説などで確認するとよい。学年目標は各学年3つずつあり，(1)は美術の学習への関心や意欲，態度，(2)は表現，(3)は鑑賞に関する目標である。また，学年の系統性については「第1学年では特に表現及び鑑賞の基礎となる資質や能力の定着を図ることを重視し，第2学年及び第3学年においては，第1学年で身に付けた資質や能力を更に深めたり，柔軟に活用したりして，創造活動の能力をより豊かに高めるように構成している」としている。　問2　④は第1学年の目標である。問3　②は第1学年「A表現(1)イ」，③は第1学年の「A表現(1)ア」，④は第2学年及び第3学年の「A表現(2)イ」である。

【高等学校】

【1】問1　1　③　　2　⑥　　問2　①　　問3　②　　問4　④

〈解説〉問1　誤肢の文言については，他の学校種のものから出されやす

い。例えば，①，⑧は中学校の教科目標，②は中学校第2学年及び第3
学年の目標，④，⑦は小学校図画工作の教科目標から出されている。
学習に余裕があれば，高等学校以外の校種に係る学習指導要領にも目
を通しておくなどして，相互の違いについて理解を深めていくように
したい。　問2〜4　ここでは，学習内容がその順序まで問われている
ので，きちんと覚えておく必要がある。また，誤肢は他の内容から出
されていることが多いため，全体を丁寧に学習しておけば，少なくと
も選択肢を絞ることはできるはずである。例えば，問2について②は
美術Ⅰの「A表現(2)デザイン」のア，③と④は美術Ⅱの「A表現(1)絵
画・彫刻」のア，ウである。

2016年度　実施問題

【中高共通】

【1】美術に関する教育について，次の各問いに答えなさい。

問1　次の記述は，美術教育に関する人物について述べたものである。この記述が示す人物とその人物を表す語句として最も適切なものを，下の人物名①〜⑥，語群①〜⑥のうちからそれぞれ選びなさい。

　　1919年に自由ヴァルドルフ学校を創設した人物で，その学校は現在，世界中に広がり1000校に達するほどである。「教育芸術」はこの教育のキーワードであり，彼は「教育は芸術であるべきである」と，たびたび述べている。

人物名
　　① ローダ・ケロッグ　　　② フランツ・チゼック
　　③ ハーバード・リード　　④ ルドルフ・シュタイナー
　　⑤ エリオット・アイスナー　⑥ ワルター・グロピウス

語群
　　① 芸術の意味　　② 人智学　　③ 児童美術教室
　　④ 予備課程　　　⑤ 恩物　　　⑥ 創造美育協会

問2　次の記述は，日本の美術教育について述べたものである。[　　]に当てはまるものとして最も適切なものを，下の①〜⑥のうちから選びなさい。

　　明治40年の小学校令改正において，義務教育年限が6年に延長されるとともに，国定教科書の改正が行われ，明治43年に[　　]が刊行された。この教科書は，アメリカの美術(図画)教科書を手本にして編纂されたといわれ，それまでの臨画一辺倒の図画教育から脱却し，児童の精神的発達を考慮したものであることが大きな特徴である。

　　① 鉛筆画手本　　② 西画指南　　③ 新定画帖
　　④ 図法階梯　　　⑤ エノホン　　⑥ 初等科図画

問3　次の表は，ヴィクター・ローウェンフェルドが分類した創造活動に見られる発達段階説である。表中の[　1　]，[　2　]に当てはまるものとして最も適切なものを，下の①〜⑥のうちからそれぞれ選びなさい。

2〜4歳	4〜7歳	7〜9歳	9〜11歳	11〜13歳	13〜17歳
[　1　]の最初の段階	再現の最初の試み	形態概念の成立	[　2　]傾向のめばえ	疑似写実的段階	決定の時期

①　写実的　　　②　造形活動　　　③　視覚型　　　④　描写活動

⑤　自己表現　　　⑥　認知的

(☆☆☆◎◎◎)

【2】感じ取ったことや考えたことを基にして表現する活動に関して，次の各問いに答えなさい。

問1　次の記述は，色の心理的現象について述べたものである。[　　]に当てはまるものとして最も適切なものを，下の①〜⑤のうちから選びなさい。

　　ヘルムホルツによれば[　　]は原色感覚物質の枯渇のために起こる現象である。例えば赤を見つめていると赤の感覚物質が枯渇し，相対的に緑と青の感覚が強くなる。そこで白色を見ると，補色の青緑に見える。

　　ヘリングは反応の可逆性で説明する。光によって視物質に分解合成反応が起こるが，これは可逆反応であるから，直ちに反対過程が起こる。分解した物質は合成し，合成した物質は分解しようとする。例えば赤を分解反応とすれば，その合成反応は赤の反対色のヘリング緑(青緑)となる。赤色光があるうちは分解が続き，赤色光がきれると合成過程が残って，それが青緑の陰性[　　]となる。そしてもとのバランス状態になると，[　　]は消える。

①　同化　　②　透明視　　③　残像　　④　色相　　⑤　対比

問2　次の記述は，新印象派の絵画の色彩表現について述べたもので
　　ある。[　1　]，[　2　]に当てはまるものとして最も適切なものを，
　　下の①～⑥のうちからそれぞれ選びなさい。

　　　　[　1　]らの新印象派は原色の絵の具の点々で絵を画く点描派で，
　　その[　2　]的手法は，「光を描く」といわれた印象派にふさわしい。
　　[　1　]の代表作である「グランド・ジャット島の日曜日の午後」が
　　有名である。

「グランド・ジャット島の日曜日の午後」

　　① 　モネ　　　　② 　減法混色　　③ 　加法混色　　④ 　スーラ
　　⑤ 　セザンヌ　　⑥ 　無彩色

問3　次の記述は，20世紀の彫刻の表現活動について述べたものであ
　　る。[　　]に当てはまるものとして最も適切なものを，後の作家①
　　～④のうちから選びなさい。

　　　また，下線部(ア)，(イ)の作家の作品として最も適切なものを，
　　後の図版①～④のうちからそれぞれ選びなさい。

　　　　近代彫刻の歴史において，[　　]の存在はやはりきわめて大き
　　い。

　　　　20世紀の彫刻は，[　　]が達成した力強い生命表現と大胆な造
　　形性を出発点としながら，さまざまな方向にその探究を進めて行

くことになる。

　かつて[　　]の助手でもあったアントワーヌ・ブールデルは，[　　]のたくましい表現力とモニュメンタルな構想力を最もよく受け継いだ彫刻家と言ってよい。

　さらには，根源的な形態を求めて見事な作品を生み出したルーマニア生まれの(ア)コンスタンティン・ブランクーシ，シュルレアリスムや幻想的表現主義につながる彫刻家としては，(イ)アルベルト・ジャコメッティなどがいる。

作家

① ミケランジェロ　　② ロダン　　③ ティンゲリー

④ ベルニーニ

図版

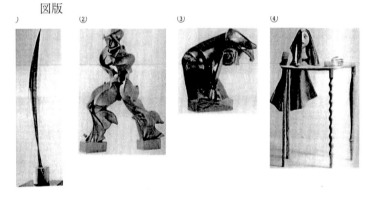

問4　次の記述は，20世紀半ばから後半の美術の表現活動について述べたものである。下線部(ア)，(イ)の表現様式の作品として最も適切なものを，後の図版①～④のうちからそれぞれ選びなさい。

　1950年代が「(ア)アンフォルメル絵画」や「アクション・ペインティング」に代表される抽象表現主義の時代であったとすれば，1960年代は，それに対する反発が，アメリカにおいてもヨーロッパにおいても，明確なかたちで登場して来た時代と言ってよい。それは一方では，「抽象」的表現に対して改めて現実的なイマージュやオブジェを作品のなかに──もちろんかつての現実再現的写実主義

とは違ったやり方で――取り戻そうとする「(イ)ポップ・アート」
や「新しい写実主義」の流れとなった。

図版

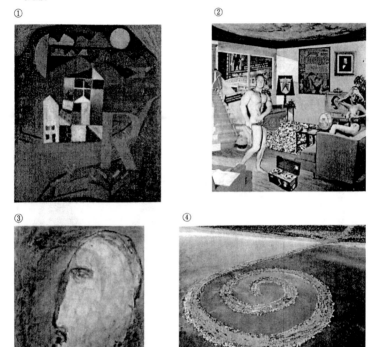

問5　次の記述は，日本の現代美術の表現活動について述べたもので
　　ある。下線部(ア)の作家の作品として最も適切なものを，後の図版
　　①〜④のうちから選びなさい。

　　　また，文中の[　　]に入る人物名として最も適切なものを，後の
　　人物①〜④のうちから選びなさい。

　　　前衛運動の発信点となったものとして，昭和27年に始まる日本
　　国際美術展(東京ビエンナーレ)や，日本美術会と読売新聞社主催

の二つのアンデパンダン展がある。

　読売新聞社のアンデパンダン展では，より自由な発表が行なわれ，ここからは(ア)高松次郎や赤瀬川原平，篠原有司男らその後の現代美術の代表的な芸術家とされる人たちが輩出した。また，これらの人たちの紹介者であり，かつ，指導者的な立場でもあった人物として，[　　]がいる。詩人であった彼を中心として昭和26年に生まれた「実験工房」は美術のみならず武満徹ら音楽家や文学者を含めた総合芸術への実験が行われた意欲的な団体であった。

図版

① 　②

③ 　④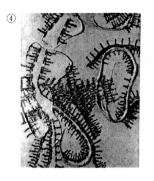

人物

　① 正岡　子規　② 瀧口　修造　③ 俵　万智
　④ 中原　中也

（☆☆☆◎◎◎）

【3】 伝える，使うなどの目的や機能を基にして表現する活動に関して，
次の各問いに答えなさい。

問1 次の記述は，デ・ステイルの作家による椅子について述べたも
のである。[ ]に当てはまる作家名として最も適切なものを，下
の作家①～⑤のうちから選びなさい。

また，この記述が表す椅子として最も適切な図版を，後の図版①～
⑤のうちから選びなさい。

この椅子のアイデアの基点となったのは，ほぼ時を同じくして
生まれたデ・ステイルの理念だと言えるだろう。画家モンドリア
ンが三原色と幾何学的な形を用いて風景を抽象化したように，
[ ]は水平線と垂直線，平面を示す平板と直線を示す角材の構成
によって，椅子，あるいはその空間の要素を抽象化したのである。

作家
　① フランク・ロイド・ライト
　② ハンス・ウェグナー
　③ ヘリット・トーマス・リートフェルト
　④ ル・コルビュジエ
　⑤ アルネ・ヤコブセン

図版

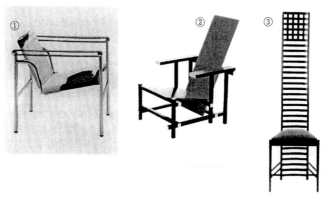

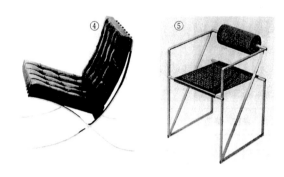

問2　次の図版ア〜オは，陶芸で使われる様々な用具の写真である。また，後の説明文a〜eは，それぞれの用具について説明したものである。この図版と説明文の組合せとして最も適切なものを，後の①〜⑤のうちから選びなさい。

図版

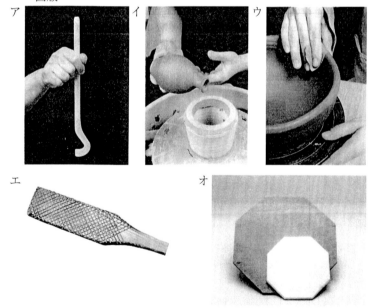

説明文

a ろくろ成形で削りのとき，素地を固定する

b ろくろで徳利などを作るとき，手の代わりに器胎の中に差し入れて使う

c 土をたたき締めるための板

d ろくろの上に乗せる板

e 器の口を滑らかにする

	ア	イ	ウ	エ	オ
①	b	d	c	a	e
②	b	a	e	c	d
③	c	a	e	d	b
④	a	c	d	e	b
⑤	e	b	a	c	d

問3 次の記述は，日本の伝統色について述べたものである。下線部が示す伝統色ア〜カのうち，暖色系の色は何色あるか最も適切なものを，下の①〜⑥のうちから選びなさい。

色彩と生活を考えるとき，その国々の風土や独自の美意識からはぐくまれた伝統色の存在を忘れてはならない。例えば日本人の繊細な色彩センスを表した言葉に，「四十八茶百鼠」という言葉がある。文字通り茶色には48種類，鼠色には100種類の色があるという意味で，「粋」の美学として，現代の日本人にも受け継がれている独自の世界観といえよう。

今も残る日本の伝統色は，すでに10世紀頃には確立されていた。その名は動植物や顔料や染料などに由来するものが多く，日本の伝統工芸に伝承されてきた。

伝統色

ア 茜色 イ 鴇色 ウ 藍色 エ 紅梅色

オ 瑠璃色 カ 柿色

① 1色 ② 2色 ③ 3色 ④ 4色 ⑤ 5色

⑥ 6色

問4　次の図版や記述は，松田権六の漆を使った作品に関するものである。[　　]に当てはまる技法名として最も適切なものを，下の①～④のうちから選びなさい。

　　風になびく草木と赤とんぼの配置が美しいデザインを生み出し，巧みな技とともに芸術性豊かな表現となっている。とんぼの羽は，夜光貝などで象嵌する[　　]の技法を使っている。蒔絵は，漆の接着性などを利用して，漆で文様を描いた上に，金銀の粉を蒔いて装飾する技法で，日本独自の多様な技法が発展した。

　①　置目（おきめ）　②　沈金（ちんきん）　③　螺鈿（らでん）　④　呂色（ろいろ）

問5　次の記述は，アニメーションの始まりについて述べたものである。下線部(ア)が示すものとして最も適切なものを，後の図版①～③のうちから選びなさい。

　また，下線部(イ)が示すものとして最も適切なものを，後の語群①～④のうちから選びなさい。

　　イメージに動きや時間を与え，映像にするのがアニメーションだ。だが，(ア)時間の経過を1枚の絵の中にあらわす表現は，映像技術が発達するはるか昔から行われてきた。

　　19世紀になると，(イ)アニメーションの登場を予感させる装置が作られた。

　　また，映像をスクリーンに投影する技術が発達し，多くの観客が同時に映像を楽しめるようになると，さまざまなアニメーションが生まれ，その進化が始まった。

図版

語群

① ゾートロープ ② プロジェクター
③ カメラ・オブスクーラ ④ ピンホールカメラ

問6 次の記述は，図版の建築物について述べたものである。この建築物をデザインした人物として最も適切なものを，後の①〜⑤のうちから選びなさい。

この幼稚園は巨大な遊具です。どんな遊具も，自分たちでルールを考えたり，決めたりしないと，遊べないはず。だから，新しいこの幼稚園は，よくある園舎とは違います。工夫すればするだけ，おもしろく遊べる幼稚園です。

図版

① イサム・ノグチ　　② 荒川修作　　③ 佐藤可士和

④ ダニ・カラヴァン　　⑤ マドリン・ギンズ

(☆☆☆◎◎◎)

【4】日本の美術に関して，次の問いに答えなさい。

問1　次の記述は，伊藤若冲について述べたものである。[　1　]の作品名，[　2　]の技法名に当てはまるものとして最も適切なものを，下の語群①〜⑧のうちからそれぞれ選びなさい。

　　京都の青物問屋に生まれた伊藤若冲は，独学で絵を学び，庭に鶏を飼って観察したという。写実を超えて幻想の世界に入り込み，色彩にあふれる動植物を描いた。

　　若冲が40歳代の頃から約10年間かけて描いた[　1　]は，30幅におよぶ大作である。

　　30幅には，様々な花を中心とする植物，鶏を中心とする鳥，昆虫，魚が描かれている。一方水墨画でも，墨のにじみをうまく利用した[　2　]という独特の技法で，「菊花図」の菊の花びらや，「鯉魚図」の鯉の鱗などを描いている。

語群

① 果蔬涅槃図　　② 動植綵絵　　③ 出山釈迦像

④ 髑髏図　　　　⑤ 枡目描き　　⑥ たらし込み

⑦ 筋目描き　　　⑧ 破墨法

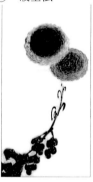

「菊花図」部分　伊藤若冲

問2　次の図は，掛け軸の構成を示したものである。絵(本紙)の上下に
　　あるアの部分の名称として最も適切なものを，下の①〜④のうちか
　　ら選びなさい。

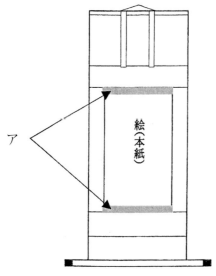

①　柱　　②　一文字　　③　風帯　　④　掛緒

問3　次の図版は，奈良県法隆寺にある釈迦三尊像である。この像の
　　制作された時代と制作方法として最も適切なものを，後の語群①〜
　　⑧のうちからそれぞれ選びなさい。

語群

① 奈良時代　　② 平安時代　　③ 飛鳥時代

④ 鎌倉時代　　⑤ 塑造　　　　⑥ 銅造

⑦ 寄木造　　　⑧ 脱乾漆

問4　次の図版ア〜エは，日本各地の伝統工芸品である。それぞれの
伝統工芸品と最も関係のある都道府県の組合せとして最も適切なも
のを，後の①〜⑧のうちから選びなさい。

図版

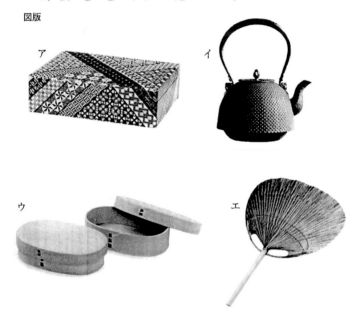

ア

イ

ウ

エ

	ア	イ	ウ	エ
①	神奈川県	岩手県	秋田県	香川県
②	秋田県	岩手県	香川県	神奈川県
③	神奈川県	香川県	京都府	岩手県
④	香川県	京都府	秋田県	北海道
⑤	京都府	北海道	神奈川県	秋田県
⑥	北海道	岩手県	神奈川県	京都府
⑦	神奈川県	北海道	秋田県	香川県
⑧	京都府	秋田県	岩手県	香川県

問5　次の記述は，12世紀頃の絵巻について述べたものである。この作品の名称として最も適切なものを，下の作品名①〜⑤のうちから選びなさい。

また，この作品の図(部分)として最も適切なものを，後の図版①〜⑤のうちから選びなさい。

　平安時代に盛行した物語絵画を代表する絵巻の最高傑作。内容は平安時代に実際に起こった応天門の火事に始まる事件を題材に描かれている。絵巻は上・中・下の三巻に分かれ，放火されて炎上する応天門→火事を見物する群衆→無実の罪で捕えられる左大臣・源信→子どものけんかから真犯人が判明→真犯人が逮捕され，放火事件は無事解決という物語が，絵巻の右から左へ展開する。

作品名
①　信貴山縁起絵巻　　②　伴大納言絵巻　　③　百鬼夜行絵巻
④　年中行事絵巻　　⑤　善教房絵

図版

①

②

③

④

⑤

問6　次の図版アは，フィンセント・ファン・ゴッホが日本のある画家の絵を模写した作品である。その模写の原画を描いた作者名として最も適切なものを，下の作者名①〜⑥のうちから選びなさい。

　また，その作者の作品として最も適切なものを，後の図版①〜⑥のうちから選びなさい。

　　図版ア

作者名
　①　葛飾北斎　　②　歌川広重　　③　喜多川歌麿
　④　東洲斎写楽　　⑤　菱川師宣　　⑥　鳥居清長

図版

① ② ③

④ ⑤ ⑥

(☆☆☆◎◎◎)

【5】世界の美術に関して，次の各問いに答えなさい。

問1　次のア～エの記述が説明する作家の作品として最も適切なもの
　　を，後の図版①～⑨のうちからそれぞれ選びなさい。

　　ア　15世紀のフィレンツェを代表する画家である彼は，フィリッ
　　　ポ・リッピの下で修業し，メディチ家との関係から，多くの傑作
　　　を生んだ。

　　イ　彼は，ギリシアからローマへ移住し，シュルレアリスムの先駆

　者として高く評価された。形而上絵画と言われる現実と非現実の
　境界の異次元的な世界観を持つ作品を制作した。
ウ　彼はオランダのデルフトで活動した。窓ガラスを通したやわら
　かい陽の光によって照らされた室内での日常生活を，簡潔な構図，
　独特のつやと輝きをもった色彩とマチエールで表現した。
エ　初期の頃，農村風景をモチーフとした風景画を描いていた彼は，
　1880年代に入ると，印象主義の色彩理論に基づき制作をするよう
　になり，一時期点描法を応用した作品を制作した。

図版

①

②

③

④

⑤

⑥

⑦

⑧

⑨

問2　次の図版に関する記述として最も適切なものを，下の①～④の
うちから選びなさい。

図版

①　尖頭アーチ，高い天井，多彩な着色ガラスによるステンドグラ
スといったそれまでの構造に，さらに外壁の控壁に飛梁という新
工法が導入されたゴシック様式を代表する建築である。
②　規則正しい載石法，組積法による，大規模な壁体，穹窿天井，
アーケード構築を特徴とするロマネスク様式の建築である。
③　高い円蓋の頂点に向かって他のすべての壁面が集約される密度
の濃い空間を生み出した円蓋式ギリシア十字型といわれるビザン
ティン様式の建築である。
④　伝統的なバジリカの形を採用しながら，柱頭を工夫して空間を
広く取り，軽快さを強調した円のリズムと比例の美しさが群を抜
くとされるルネサンス様式の建築である。

問3　次の図版ア～ウの作品の説明として最も適切なものを，下の①
～⑥のうちからそれぞれ選びなさい。

図版

アイウ

ア　　　　　　　イ　　　　　　ウ

① 立脚，遊脚という古典彫刻のコントラポストの原理に，さら
にねじれが加わって，私たちの視点も無意識に螺旋状に移動せ
ざるを得なくなっている。

② ギリシア古典時代の前期(前5世紀)の，運動の決定的瞬間をと
らえることを得意とする青銅作家の代表作と言われている。

③ この女性着衣立像のコレー像に見られる1世紀の歩みにおい
て，ギリシア彫刻の一大モティーフとなる衣襞(きぬひだ)の表現が追求さ
れた。

④ エーゲ海の北に浮かぶ島から出土した。勝利の女神が今まさ
に降り立ったところで，その右手には金属製の勝利のリボンを
持っていた。周囲の自然を見事に計算に入れたヘレニズム彫刻
の最大傑作といえる。

⑤ 紀元前7世紀後半，エジプトの影響によって，3～4メートル
の巨大な大理石彫刻がギリシア各地で姿を現す。クーロス像の
出現である。

⑥ 反マケドニアの旗頭として波乱の生涯を送ったアテナイの稀
代の弁論家の内的苦悩が，額のしわはいうにおよばず，身体全
体からにじみでている。

問4　次の記述ア，イが示す文化遺産として最も適切なものを，下の
　　図版①〜⑥のうちからそれぞれ選びなさい。
　　記述
　　　ア　火山の噴火によって形成された凝灰岩層が，浸食によって形
　　　　を変え，幻想的な風景を生み出した。キノコや尖塔の形をした
　　　　奇岩が林立し，ここを訪れる人々に自然の力の偉大さを思い知
　　　　らせる。また，ここには，かつて迫害を逃れて移り住んだキリ
　　　　スト教徒がそうした岩山を掘ってつくった洞窟修道院や洞窟聖
　　　　堂が散在する。
　　　イ　敷地面積1万4000平方メートル，城としての外観に，裁判の
　　　　ための区画，君主が公務を行う区画，君主の私的な空間の3つ
　　　　に区分された内部。このような基本的構成をもつこの宮殿は，
　　　　イベリア半島におけるイスラーム芸術および文化の輝きを，あ
　　　　ますところなく象徴する建物である。
　　図版
　　①

　　②

　　③

　　④

⑤

⑥

(☆☆☆◎◎◎)

【中学校】

【１】平成20年3月に告示された中学校学習指導要領の「美術」について，次の各問いに答えなさい。

問１　次の記述は，「第2　各学年の目標及び内容」の〔第1学年〕の「１　目標」である。[　１　]～[　３　]に当てはまるものとして最も適切なものを，下の①～⑧のうちからそれぞれ選びなさい。

(1)　楽しく美術の活動に取り組み[　１　]，心豊かな生活を創造していく意欲と態度を育てる。

(2)　対象を見つめ感じ取る力や想像力を高め，豊かに発想し構想する能力や[　２　]を身に付け，意図に応じて創意工夫し美しく表現する能力を育てる。

(3)　自然の造形や[　３　]理解や見方を広げ，美術文化に対する関心を高め，よさや美しさなどを味わう鑑賞の能力を育てる。

①　美術を愛好する心情を深め

②　美術を愛好する心情を培い

③　つくりだす喜びを味わい

④　形や色彩などによる表現の技能

⑤　自分の表現方法

⑥　様々な表し方

⑦　美術作品などについての基礎的な

⑧　美術作品や文化遺産などについての

問2　次のア～オは,「第2　各学年の目標及び内容」の各学年の「2
内容」の「A　表現」の「(1)　感じ取ったことや考えたことなどを
基に,絵や彫刻などに表現する活動を通して,発想や構想に関する
次の事項を指導する。」から抜き出した記述である。これらのうち
〔第1学年〕で扱う内容として最も適切な記述の組合せを,下の①～
⑥のうちから選びなさい。

ア　対象を深く見つめ感じ取ったこと,考えたこと,夢,想像や感
情などの心の世界などを基に,主題を生み出すこと。

イ　対象を見つめ感じ取った形や色彩の特徴や美しさ,想像したこ
となどを基に主題を生み出すこと。

ウ　感じ取ったことや考えたこと,夢や想像などから主題を生成す
ること。

エ　主題などを基に,全体と部分との関係などを考えて創造的な構
成を工夫し,心豊かに表現する構想を練ること。

オ　主題などを基に想像力を働かせ,単純化や省略,強調,材料の
組合せなどを考え,創造的な構成を工夫し,心豊かな表現の構想
を練ること。

①　アエ　　②　イエ　　③　ウエ　　④　アオ　　⑤　イオ
⑥　ウオ

問3　次の記述は,「第3　指導計画の作成と内容の取扱い」の「2　(1)」
に示された「A　表現」の指導について,配慮する事項である。下
線部の内容が最も適切なものを,次の①～④のうちから選びなさい。

①　見る力や感じ取る力,考える力,描く力などを育成するために,
鉛筆画の学習を積極的に取り入れるようにすること。

②　美術の表現の可能性を広げるために,カメラ・テレビ・コンピ
ュータ等のデジタル教材の積極的な活用を図るようにすること。

③　日本及び諸外国の作品の独特な表現形式,漫画やイラストレー
ション,図などの多様な表現方法を活用できるようにすること。

④　表現の材料や題材などについては,身近な自然物や人工の材料

なども取り上げるようにすること。

(☆☆☆◎◎◎)

【高等学校】

【1】平成21年3月に告示された高等学校学習指導要領の「芸術」のうち「第4 美術Ⅰ」,「第5 美術Ⅱ」について,次の各問いに答えなさい。

問1 次の記述は「第5 美術Ⅱ」の「1 目標」である。[1]～[3]に当てはまるものとして最も適切なものを,下の①～⑨のうちからそれぞれ選びなさい。

美術の[1]を通して,美的体験を豊かにし,生涯にわたり[2]を育てるとともに,感性を高め,[3]表現と鑑賞の能力を伸ばし,美術文化についての理解を深める。

① 幅広い創造活動　　② 幅広い表現活動
③ 創造的な諸活動　　④ 芸術を愛好する心情
⑤ 美術を愛好する心情　⑥ 美術文化を尊重する心情
⑦ 個性豊かな　　　　⑧ 創造的な
⑨ 独創的な

問2 次のa～eは,「第4 美術Ⅰ」及び「第5 美術Ⅱ」の「2 内容」のうち,「A 表現」の「表現に関して,次の事項を指導する。」から抜き出した記述である。これらのうち「第4 美術Ⅰ」の「(3)映像メディア表現」で扱う指導事項として最も適切な記述の組合せを,後の①～⑥のうちから選びなさい。

a 感じ取ったことや考えたこと,目的や機能などを基に,映像メディアの特性を生かして主題を生成すること。

b 自然,自己,社会などを深く見つめ,映像メディアの特性を生かして主題を生成すること。

c 映像表現の視覚的要素などの効果を生かして創造的で心豊かな表現の構想を練ること。

d 意図に応じて映像メディア機器等の用具の特性を生かすこと。

e 表現形式の特性を生かし,形体,色彩,構成などを工夫して創

造的な表現の構想を練ること。

① ａｃ　② ａｄ　③ ａｅ　④ ｂｃ　⑤ ｂｄ　⑥ ｂｅ

問3　次に示すのは，「第4　美術Ⅰ」の「3　内容の取扱い　(5)」の記述である。[　ア　]と[　イ　]に当てはまるものとして最も適切なものを，下の①～④のうちから選びなさい。

(5)　内容のBについては，[　ア　]も重視して扱うとともに，[　イ　]などについても扱うようにする。

① ア　日本の美術　　イ　日本の文化遺産
② ア　日本の作品　　イ　アジアの作品
③ ア　日本の美術　　イ　アジアの美術
④ ア　日本の作品　　イ　諸外国の美術

(☆☆☆◎◎◎)

解答・解説

【中高共通】

【1】問1　人物名…④　　語群…②　　問2　③　　問3　1　⑤
　2　①

〈解説〉問1　フランツ・チゼックは創造主義教育のパイオニアといわれ，オーストリアの国立美術工芸学校に「児童美術教室」を開設した。ハーバード・リードはイギリスの美術批評家で，芸術による教育という理念を明確に示し，戦後日本の美術教育界にも多大な影響を与えた人物で，主著に『芸術の意味』(1958年)がある。エリオット・アイスナーはアメリカの美術教育界を代表する研究者の一人でカリキュラム開発，教育評価に関する研究で知られる。主著に『美術教育と子どもの知的発達』(1986年)がある。ワルター・グロピウスは1919年にドイツのワイマールに造形専門学校バウハウスを設立した建築家である。「予備課程」とはその教育課程の始めに位置付けられたもので，ヨハ

ネス・イッテンやモホリ＝ナギ，ワシリー・カンディンスキーらによって担当された。なお恩物とは，幼稚園の創設者として知られるフレーベルによって提唱された教材(遊具)のこと。創造美育協会とは，久保貞次郎や北川民次らによって昭和27(1952)年5月に設立された民間教育研究団体のことである。　問3　他にもリュケやケロッグなどの研究者もいるので合わせて確認しておきたい。

【2】問1　③　　問2　1　④　　2　③　　問3　作家…②　　(ア)　①
(イ)　④　　問4　(ア)　③　(イ)　②　　問5　作品…②
人物名…②

〈解説〉問1　残像には，強い光を見た直後に背景の中に同じ明暗関係の知覚像が見える「正の残像(陽性残像)」と，直前に見た色の補色に近い色や，明暗が反転して見える「負の残像(陰性残像)」がある。なお補色とは，色相環で向かい合う位置にある2つの色の関係のこと。赤と青緑，黄色と青紫など。色相とは「色の三属性(色相・明度・彩度)」の一つで，赤み・黄み・青みといった色あい(色み)のこと。明度は色の明暗の度あい，彩度は色みにおける色の鮮やかさを意味する。色相がなく，よって彩度も表現できない白や黒，灰色などは無彩色といい，色相をもつ色を有彩色という。①の同化，⑤の対比はいずれも色彩錯視の一種である。　問2　加法混色とは「色光の三原色」すなわち「黄みの赤(Red)，緑(Green)，青紫(Blue)」による光の混色のことで全て混ぜると白になる。減法混色とは「色料の三原色」すなわち「緑みの青(シアン)，赤紫(マゼンタ)，黄(イエロー)」による絵の具などの色材による混色のことで全て混ぜると暗い灰色になる。　問4　③はジャン・フォートリエの「人質」，②はリチャード・ハミルトンの「一体何が今日の家庭をこれほど変え，魅力的にしているのか」である。なお，アンフォルメルとは1940年代末から50年代にかけての前衛美術運動で，「厚塗りの画家」フォートリエがその先駆者の一人とされる。ポップアートとは，実質的にイギリスとアメリカの消費社会，大衆文化等を背景とした両国の美術といえ，1950年代末から60年代にかけて

最盛期を誇った。総じてクールでドライ，即物的，没個性的ともいわれる。

【3】問1　作家…③　　図版…②　　問2　②　　問3　④　　問4　③
問5　図版…③　　語群…①　　問6　③

〈解説〉問1　②はリートフェルトの「レッドアンドブルー」(1918年)である。なお，①の作家はル・コルビュジェ，③はマッキントッシュ，④はミース・ファン・デル・ローエ，⑤はボッタである。

問2　説明文にあるaはシッタでイ，bは柄ゴテでア，cはたたき板でエ，dは亀板でオ，eはなめし革でウである。　問3　暖色系は，茜色，鴇色，紅梅色，柿色の4色である。　問5　語群①のゾートロープは，回転する円筒の細い隙間から中をのぞくと動く絵が見える仕掛け。③のカメラ・オブスクーラは，ラテン語でカメラが「写真」，オブスクーラが「暗い」という意味。密閉された暗い空間の壁に，外から開けた小さい孔を通して外光を取り入れ，反対側の白い壁や幕面に，外側の像を上下逆さま(倒立像)に写し出す仕掛け。④のピンホールカメラは，密閉された箱に開けられた針穴を通って，被写体に当たる光が箱内の感光材(印画紙やフイルム)に届くと，像が写し込まれる仕組みのものである。　問6　図版は東京都立川市にある「藤幼稚園」である。

【4】問1　作品名…②　　技法…⑦　　問2　②　　問3　時代…③
制作方法…⑥　　問4　①　　問5　作品名…②　　図版…⑤
問6　作者名…②　　図版…②

〈解説〉問1　「筋目描き」とは，画箋紙というにじみやすい紙を使い淡い墨を隣同士に置くと，その境界に白い筋目が残る性質を利用した技法のことである。　問3　奈良時代は塑像または乾漆像が主で，平安時代末期～鎌倉時代には寄木造りが主といわれる。　問4　アは箱根寄木細工(神奈川)，イは南部鉄器(岩手)，ウは大館曲げわっぱ(秋田)，エは丸亀うちわ(香川)である。　問5　①は「善教房絵」，②は「年中行事絵巻」，③は「百鬼夜行絵巻」，④は「信貴山縁起絵巻」である。

問6　この図版はゴッホの「日本趣味・梅の花(広重による)」(1887年)で，日本の歌川広重の「名所江戸百景　亀戸梅屋舗」を油彩で拡大模写し，左右に漢字を描き加えたものである。なお，図版②は「名所江戸百景　亀戸天神境内」，③は菱川師宣「見返り美人」，⑥は葛飾北斎「富嶽三十六景　凱風快晴」である。確認しておこう。

【5】問1　ア　①　　イ　⑥　　ウ　⑧　　エ　③　　問2　①
　　問3　ア　②　　イ　⑤　　ウ　④　　問4　ア　⑥　イ　③
〈解説〉問1　アはボッティチェリで①「東方三博士の礼拝」(1475年頃)，イはデ・キリコで⑥「通りの神秘と憂鬱」(1914年)，ウはフェルメール⑧「牛乳を注ぐ女」(1657年頃)，エはピサロ③「赤い屋根」(1877年)である。なおピサロは8回に及ぶ印象派展の全てに参加している。印象派や新印象派，後期印象派と呼ばれる作家とその作品についても整理してまとめておこう。　問3　アは「円盤投げ」，イは「クーロス像」，ウは「サモトラケのニケ」である。なお，「クーロス」とは青年像のことであり，女性像のことは「コレー」という。　問4　アはトルコのアナトリア高原中央部にある「カッパドキア」で1985年に登録されている。イはスペインのグラナダにある「アルハンブラ宮殿」で1984年に登録されている。

【中学校】

【1】問1　1　②　　2　④　　3　⑦　　問2　②　　問3　③
〈解説〉各学年の目標は，(1)美術の学習への関心や意欲，態度に関する目標，(2)表現に関する目標，(3)鑑賞に関する目標で構成されている。また学年の系統性については「第1学年では特に表現及び鑑賞の基礎となる資質や能力の定着を図ることを重視し，第2学年及び第3学年においては，第1学年で身に付けた資質や能力を更に深めたり，柔軟に活動したりして，創造活動の能力をより豊かに高めるように構成している」と述べられている。

【高等学校】

【1】問1 1 ③　　2 ⑤　　3 ⑦　　問2 ②　　問3 ③

〈解説〉問2　b・cは「美術Ⅱ」で扱う指導事項である。美術Ⅰ～Ⅲの性格を理解した上で，それぞれの目標，内容等について理解を深めておく必要がある。　問3　内容については，構成から取扱いまでくまなく学習しておくこと。美術の内容は「A表現」「B鑑賞」で構成されている。

●書籍内容の訂正等について

　弊社では教員採用試験対策シリーズ（参考書，過去問，全国まるごと過去問題集），公務員試験対策シリーズ，公立幼稚園・保育士試験対策シリーズ，会社別就職試験対策シリーズについて，正誤表をホームページ（https://www.kyodo-s.jp）に掲載いたします。内容に訂正等，疑問点がございましたら，まずホームページをご確認ください。もし，正誤表に掲載されていない訂正等，疑問点がございましたら，下記項目をご記入の上，以下の送付先までお送りいただくようお願いいたします。

---

① **書籍名，都道府県（学校）名，年度**
　（例：教員採用試験過去問シリーズ　小学校教諭 過去問　2025 年度版）
② **ページ数**（書籍に記載されているページ数をご記入ください。）
③ **訂正等，疑問点**（内容は具体的にご記入ください。）
　（例：問題文では"ア〜オの中から選べ"とあるが，選択肢はエまでしかない）

〔ご注意〕
○ 電話での質問や相談等につきましては，受付けておりません。ご注意ください。
○ 正誤表の更新は適宜行います。
○ いただいた疑問点につきましては，当社編集制作部で検討の上，正誤表への反映を決定させていただきます（個別回答は，原則行いませんのであしからずご了承ください）。

●情報提供のお願い

　協同教育研究会では，これから教員採用試験を受験される方々に，より正確な問題を，より多くご提供できるよう情報の収集を行っております。つきましては，教員採用試験に関する次の項目の情報を，以下の送付先までお送りいただけますと幸いでございます。お送りいただきました方には謝礼を差し上げます。

(情報量があまりに少ない場合は，謝礼をご用意できかねる場合があります)。

◆あなたの受験された面接試験，論作文試験の実施方法や質問内容

◆教員採用試験の受験体験記

- -

<table>
<tr><td rowspan="5">送付先</td><td>○電子メール：edit@kyodo-s.jp</td><td rowspan="5"></td></tr>
<tr><td>○FAX：03-3233-1233（協同出版株式会社　編集制作部 行）</td></tr>
<tr><td>○郵送：〒101-0054　東京都千代田区神田錦町2-5</td></tr>
<tr><td>　　　　　協同出版株式会社　編集制作部 行</td></tr>
<tr><td>○HP：https://kyodo-s.jp/provision（右記のQRコードからもアクセスできます）</td></tr>
</table>

　※謝礼をお送りする関係から，いずれの方法でお送りいただく際にも，「お名前」「ご住所」は，必ず明記いただきますよう，よろしくお願い申し上げます。

教員採用試験「過去問」シリーズ

神奈川県・横浜市・川崎市・相模原市の美術科 過去問

編　集	Ⓒ 協同教育研究会
発　行	令和6年3月25日
発行者	小貫　輝雄
発行所	協同出版株式会社
	〒101-0054　東京都千代田区神田錦町2‐5
	電話　03－3295－1341
	振替　東京00190－4－94061
印刷所	協同出版・POD工場

落丁・乱丁はお取り替えいたします。